お金のプロがすすめる
お金上手な生き方
保険や投資で暮らしは守れない

内藤眞弓

コモンズ

まえがき

私がファイナンシャルプランナー（FP）として活動し始めたのは1996年の春。翌年には日本版ビッグバン構想（金融制度の大改革）のスケジュールが発表されます。ちょうどそのころ「貯蓄から投資へ」がテーマの勉強会に参加しました。ところが、「預貯金だけでは負け組になる。投資をして勝ち組になろう」的な話に辟易。思わず「負け組でもいいや」とつぶやいてしまい、周囲を呆れさせてしまいました。ファイナンシャルプランナーとしては、異端だったのかもしれません。

ファイナンシャルプランナーといっても、読者の方にはなじみが薄いのではないでしょうか。普通の人たちが望む暮らしを実現するために、マネー面からサポートするのが私の仕事です。これまでに、若い方の「どうやったら、お金が貯まるの？」といったご相談、リタイアを迎える（あるいは迎えた）方の家計の見直しや運用のご相談、保険の入り方や見直し方など、数多くのご相談をお受けしてきました。

保険会社や銀行などにも、ファイナンシャルプランナーの資格をもつ方がたくさんいらっしゃいます。一方、私は金融機関に属していませんし、保険や投資信託などの商品を売ってもいません。私の商品は「お客様の望む暮らしにつながる道しるべを示すこと」であり、成果は「相談したおかげで気持ちの整理ができた」と言ってもらえることなのだと思っています。

本書は、「これさえやれば、お金が貯まる」といった類の本ではありません。便利な暮らしに慣れた私たちは、お金さえ払えば、子どもの教育も、自分磨きも、老後の安心も、健康な身体も、効率よく手に入ると考え違いしてしまいそうです。そのような幻想はいったん横においいて、「私の望む暮らしって、なんだろう」という根源的な問いを頭の片隅に入れながら、読み進めていただきたいと思います。

「保険や貯蓄について相談に来たつもりだったけど、お金のことを考えるということは『どう生きるか』を考えることだったのですね」

これは、私がいまでも宝物にしている、お客様からの言葉です。

お金の使い方、時間の使い方は、その人の生き方そのもの。本書では相談現場で使うキャッシュフロー表などファイナンシャルプランナー・グッズを適宜織り込みながら、望む暮らしのつくり方をご紹介していきたいと思います。

お金のプロがすすめるお金上手な生き方●もくじ

第2章　どんぶり勘定とあくせく節約にサヨウナラ　37

第3章　保有する暮らしにサヨウナラ　87

第1章

保険貧乏にサヨウナラ

1 保険に入るほどリスクに打たれ弱い家計になる皮肉

入る前に考える

死亡、失業、病気やケガ……生きていると心配事には事欠きません。心配なことがあると、すぐ「保険に入ろう」と考えがちです。

でも、収入には限りがありますから、保険料を払うと使えるお金は減ってしまいます。では、使えるお金が減ると、貯蓄にまわすお金も減ってしまいます。貯蓄にまわすお金が減ると、どうなるでしょうか。

頭金が少ないままに住宅ローンを組むとか、子どもの教育費が足りないとか、将来に備えて自己投資しようにもお金がないとか、さまざまなところにしわ寄せが来てしまいます（図1）。

水道・光熱費を抑えるために家じゅうの電気を消してまわったり、暑さ寒さを我慢したり、特売日チェックで食費の倹約に努めるなど涙ぐましい努力をしている人の口座から、年間数万～数十万円の保険料が引き落とされていることは、珍しくありません。毎日の節

図１　保険料を払うほど打たれ弱い家計に

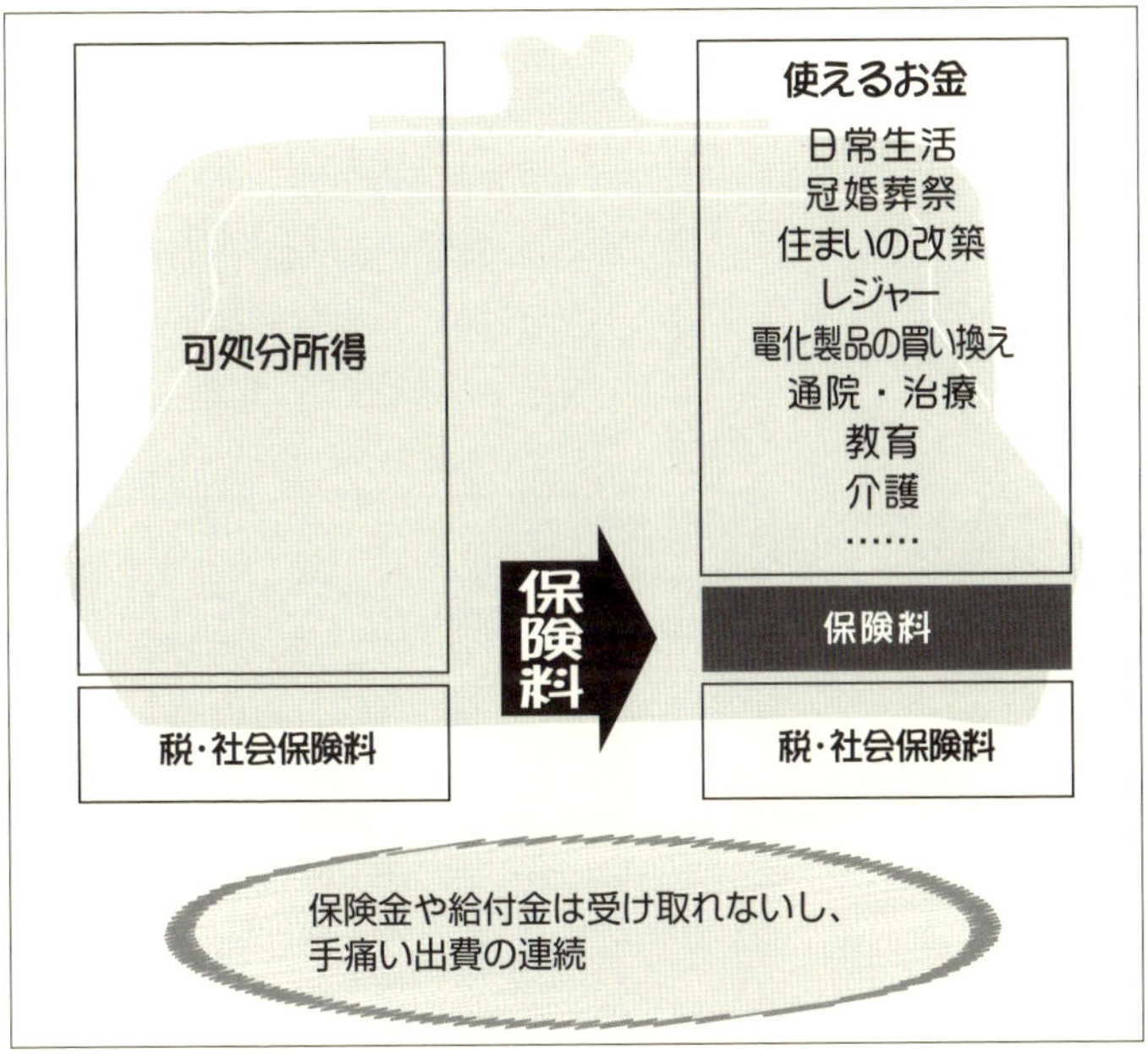

約を嘲笑うかのような金額が口座から消えているのに、「何かあったときのためだから」と無頓着でいてよいわけがありません。

あなたが払っている保険料の意味を考えてみましょう。どんな不安を解消するために払っているのですか。

それは10年間でいくらになりますか？　20年では？　30年では？

心配なことを書き出してみる

漠然と不安をかかえるのではなく、何が心配かを紙に書き出してみてください（12ページ図２）。生

図２「不安」出しをしてみる

- ☑体力が衰えてきた
- ☑仕事がきつく、いつまで続けられるか自信がない
- ☑このまま結婚しないかもしれない
- ☑リストラに遭うかも
- ☑老後の医療費や介護費
- ☑子どもの将来が心配

計を維持している人が亡くなる、子どもの教育費がかかる、収入が増えない、親の介護、進学や就職……。お金に限定せず、不安を洗い出してみましょう。

不安出しをしたら、今度は具体的に不安の中身を考えてください。たとえば親の介護であれば、親の健康状態が心配なのか、介護のためのお金が心配なのか、自分一人でかかえこみそうなことが心配なのか、介護事業者が見つからないことが心配なのか。

漠然とした不安が具体的な「課題」になったら、解決策を考えます。努力で何とかなること、誰かの力を借りなくてはならないこと、悩んでも仕方のないことなどを整理をしてみると、保険で解決できる不安は案外少ないかもしれません。

2 あなたの保険、「どんなとき」に「いくら」受け取れるか、わかりますか？

約款をよく読もう

保険会社が支払うべき保険金を支払っていなかったり、本来なら受け取れるはずの給付金を請求していない契約が数多く発覚し、社会問題になったことを覚えていますか？

保険は、しかるべきときに速やかに保険金や給付金を受け取れてはじめて、保険としての役割を果たします。請求を予定しない保険というのは、ありえません。ところが、加入するときに請求時のことまで考える方はほとんどいないのが現実です。だから、本来であれば受け取れるはずの保険金が受け取れないという事態が発生します。まるで加入自体が目的になっていると言っても、過言ではありません。

保険は、保険会社と契約者との契約です。契約時に受け取る「ご契約のしおり」に、お互いの権利義務を定めた「約款」(契約内容)が記載されています。なかでもとくに重要なのが、「どんなときに保険金を支払うか」という「支払事由」の部分です。

最近、「生きることを応援する」とか「生きる力」といったキャッチフレーズで、重い病気や障害になったときに頼りになりそうな特約付保険が人気です。表1に、多くの方が加入している保険のタイプを例にあげてみました。

①〜⑥に共通するのは、「死亡」「高度障害」の保障です。ところが、④は特定疾病（悪性新生物（ガン）・急性心筋梗塞・脳卒中）になったときに受け取れるもの、⑤は病気で障害状態になったときに受け取れるものであって、死亡保障ではないと思っている方もいます。そこまで考えないで、「病気になったらもらえるもの」程度の認識の方もいます。

実際には、④も⑤も①〜③と同じく、死亡したとき、あるいは高度障害状態になったときに保険金が受け取れる契約です。ただし、①〜③と違うところもあります。④は特定疾病にかかって「所定の状態になったとき」、⑤は病気で「所定の障害状態になったとき」であれば、死亡したり高度障害状態にならなくても保険金が受け取れるのです。

要件を満たさなければ受け取れない

ここで気をつけたいのは、「所定の」要件を満たさなくてはならないこと。特定疾病にかかっただけ、病気で障害が残っただけでは、保険金は受け取れません。

また、保険金が受け取れるのは1回限りなので、どれか一つの条件を満たして受け取ると、その保険は消滅します。たとえば、高度障害状態になって保険金を受け取った後に死

表１　バラエティに富んだ特約付保険の例

保険の名称	いくら？	どんなときに出る？	保障期間
①終身保険	100 万円	死亡・高度障害	期限なし
②定期保険特約	300 万円	死亡・高度障害	10 年間
③収入（生活）保障定期保険特約	年金年額 240 万円 10 年確定年金タイプ	死亡・高度障害	10 年間
④特定（三大）疾病保障定期保険特約	100 万円	死亡・高度障害・約款所定の「悪性新生物」「急性心筋梗塞」「脳卒中」で所定の状態になったとき	10 年間
⑤疾病障害保障定期保険特約	100 万円	死亡・高度障害・約款所定の疾病で所定の障害状態になったとき	10 年間
⑥災害割増特約	1000 万円	不慮の事故による死亡・高度障害	70 歳まで

＊【死亡時に遺族が受け取れる一時金】
　① 100 万円＋② 300 万円＋④ 100 万円＋⑤ 100 万円＝ 600 万円
　災害時には⑥の 1000 万円が上乗せされ 1600 万円
＊【死亡時に遺族が受け取れる年金】
　③ 240 万円× 10 年間＝ 2400 万円

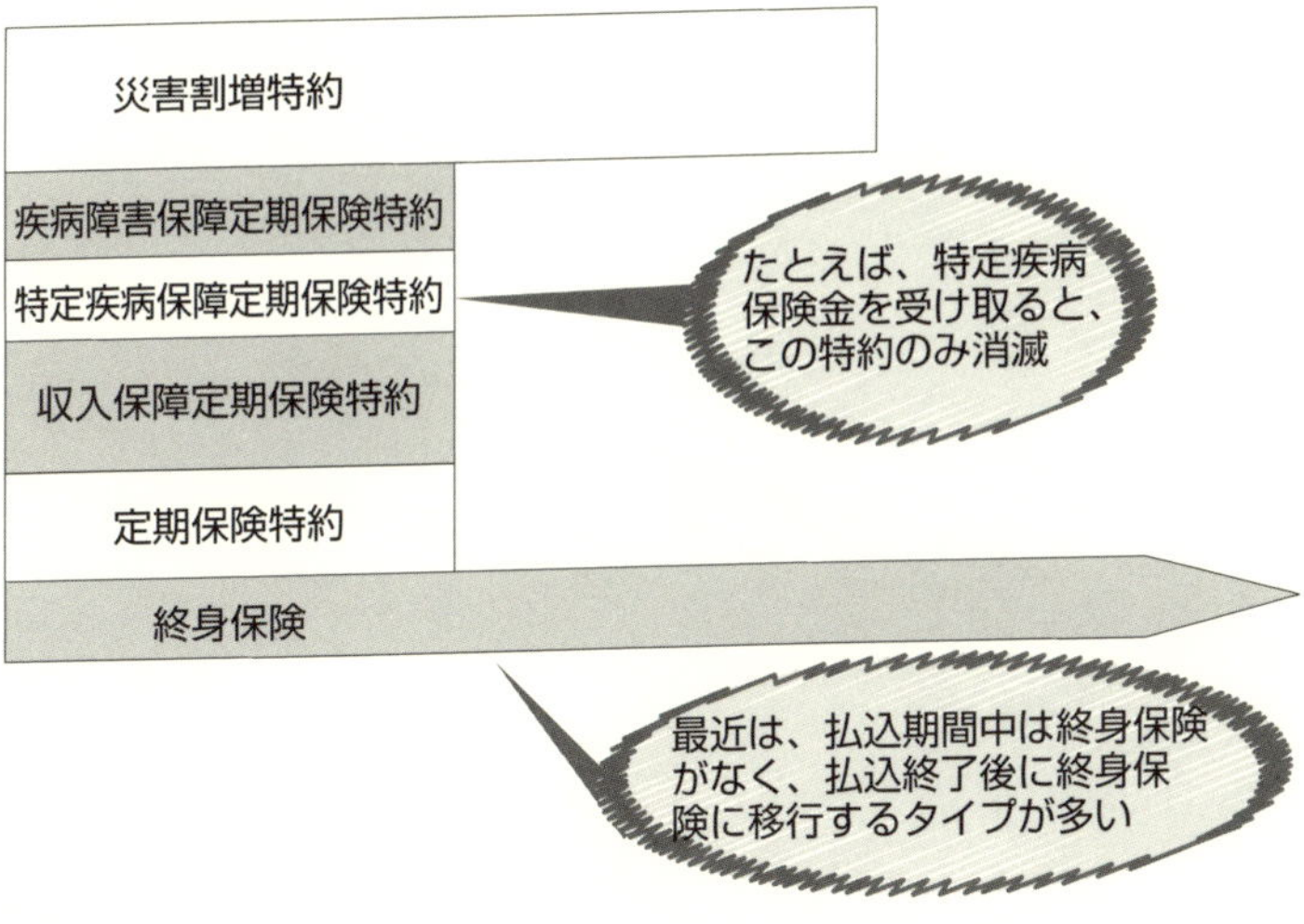

亡しても、死亡保険金は受け取れません。④や⑤の特約の場合、死亡・高度障害にならず特定疾病保険金や疾病障害保険金を受け取ると、その特約は消滅します。ただし、それ以外の保障は続き、消滅した特約分だけ保険料は安くなります。さらに、③の収入保障定期保険特約は「年金年額」という言葉から、老後に年金が受け取れると勘違いしがちですが、死亡・高度障害時に年金240万円が10年間支払われる契約内容です。

では、保険加入者が死亡した場合、保険会社から受け取れる合計の死亡保険金はいくらになるでしょうか？　それは、一時金600万円（①＋②＋④＋⑤）と、年金240万円×10年間＝2400万円で、3000万円です。もし、交通事故など不慮の事故による死亡であれば、災害割増特約⑥1000万円が上乗せされて、4000万円になります。

「どんなとき」に「いくら」受け取れるかは、保険の商品性そのものです。何をいくら買ったかわからないままお金を払い続けるなど、他の商品ではありえません。通常の買い物と同様、「10年間でこんな状態（約款の支払事由）になるかしら？」とか「ちょっと買いすぎじゃない？」といった感覚を忘れないようにしましょう。複雑な保険は、実は「知らないからこそ幻想のままに入れるコワイ保険」かもしれません。

だから、図3に示したように必ず約款を確認してください。どんなとき保険金が受け取れないのか、高度障害状態とは何を指すのかなどをきちんと知っておくことが大切です。

図３　契約内容の確認を忘れない

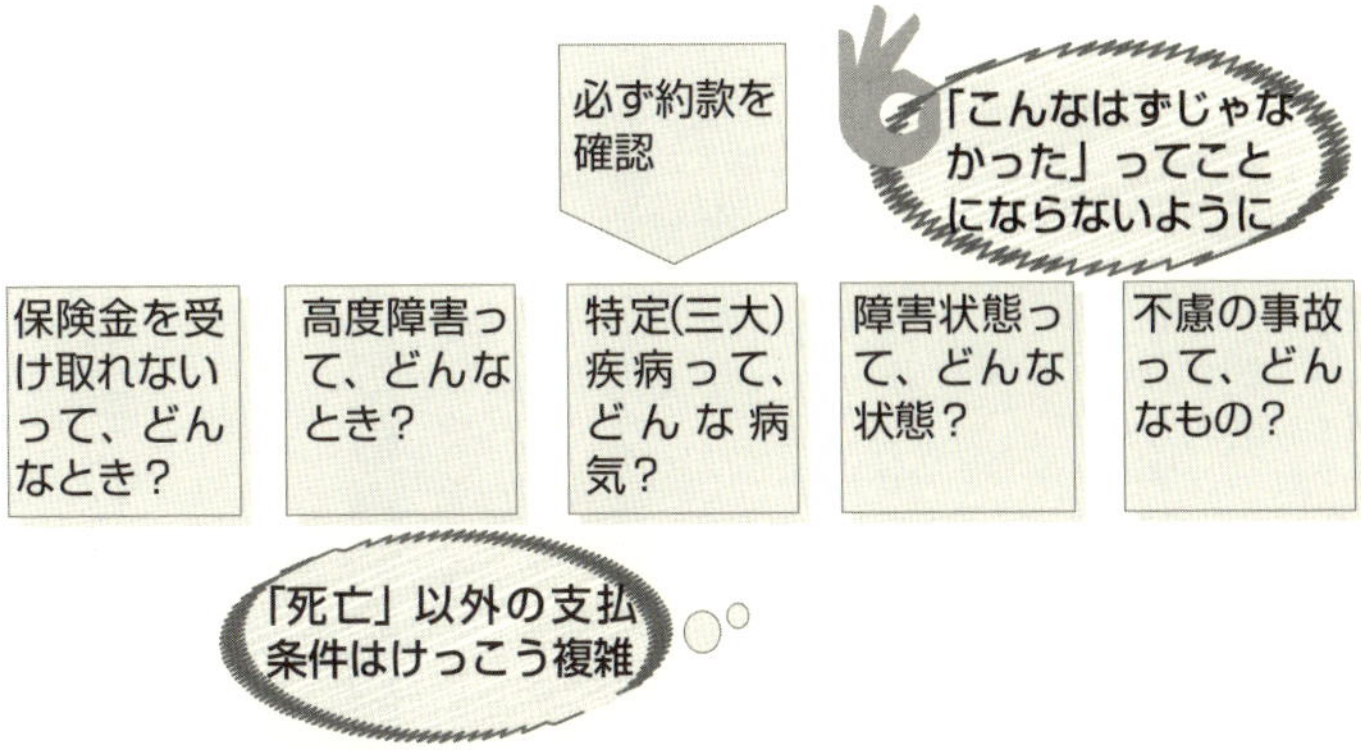
必ず約款を確認
「こんなはずじゃなかった」ってことにならないように
保険金を受け取れないって、どんなとき？
高度障害って、どんなとき？
特定(三大)疾病って、どんな病気？
障害状態って、どんな状態？
不慮の事故って、どんなもの？
「死亡」以外の支払条件はけっこう複雑

【たとえば、高度障害状態って？（抜粋）】

☑両眼の視力をまったく永久に失ったもの

☑言語または咀嚼機能をまったく永久に失ったもの

☑中枢神経系、精神または胸腹部臓器に著しい障害を残し、終身常に介護を要するもの

☑両上肢とも手関節以上で失ったかまたはその用をまったく永久に失ったもの

☑両下肢とも足関節以上で失ったかまたはその用をまったく永久に失ったもの

……

【たとえば、特定疾病保険金を受け取るための要件は？（抜粋）】

☑被保険者が保険期間中に、保障開始前も含めて初めて悪性新生物にかかったと医師によって病理組織学的所見（生検）により診断確定されたとき

☑保険期間中に急性心筋梗塞を発病し、初めて医師の診療を受けた日からその日を含めて60日以上、労働の制限を必要とする状態が継続したと医師によって診断されたとき

☑保険期間中に脳卒中を発病し、初めて医師の診療を受けた日からその日を含めて60日以上、言語障害、運動失調、麻痺等の他覚的な神経学的後遺症が継続したと医師によって診断されたとき

※「悪性新生物」「急性心筋梗塞」「脳卒中」の定義は別途規定

3 あなたのその保険、請求できますか?

保険金を支払うかどうかを決めるのは保険会社

保険会社が保険金などの請求書類を受け付けた場合、請求書と一緒に提出された医師の診断書と約款を照らし合わせ、支払うべき案件かどうかを判断します(図4)。約款で定めた条件を満たしていないとか、加入時に健康状態を偽っていた(告知義務違反)といったケースでは、保険金が支払われないこともあります。保険金を支払うかどうかを決めるのはあくまで保険会社なのです。

たとえば、特定疾病保障定期保険(15ページ表1)に加入している人が上皮内がん(大腸の粘膜や子宮頸部によく発生する、ごく早期のがん)にかかったとします。ところが、このガンは「悪性新生物」ではないので、保険金は受け取れません。また、治療のために通院していることや、過去の病歴を隠して加入した場合なども、受け取れない可能性があります。告知義務違反と判断されると保険契約自体が解除になり、それまで払った保険料も戻ってきません。保険とは、契約から請求に至るまで厳格なルールのもとで運営されるものだ

図4　加入から請求まで

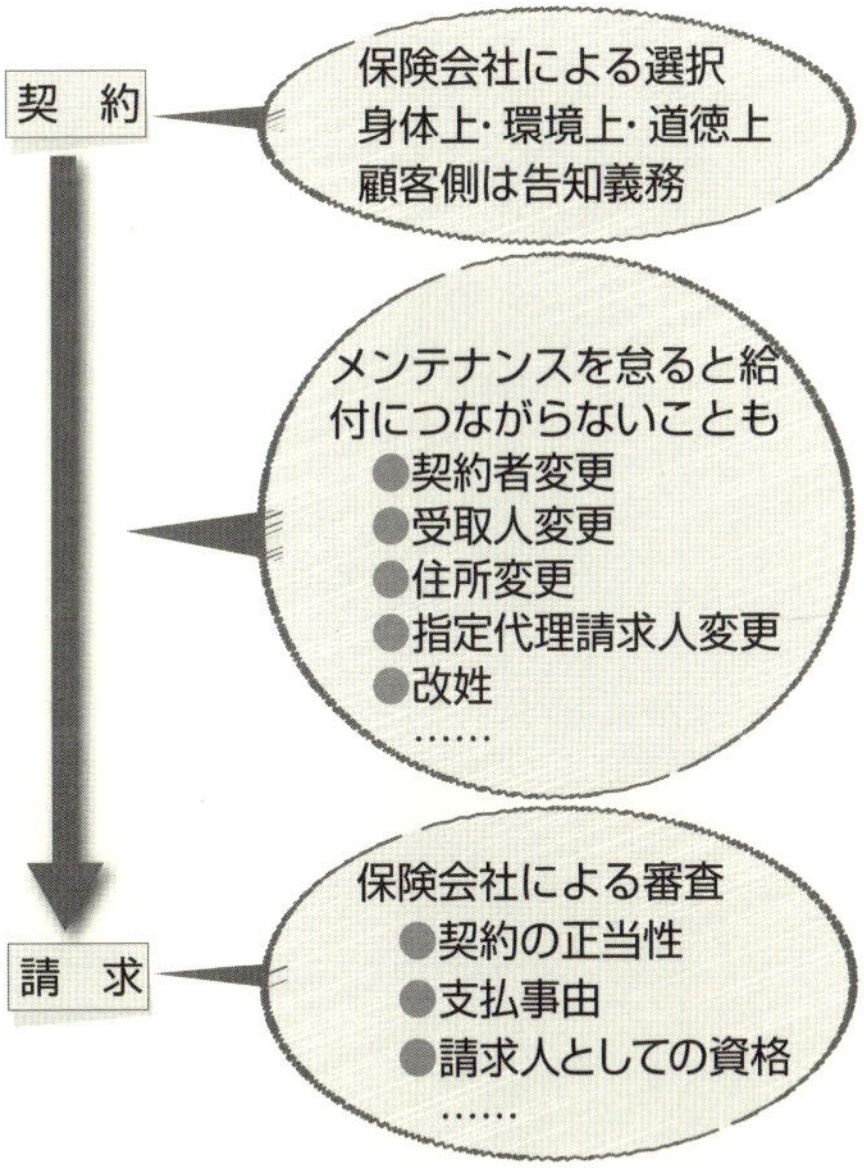

と、理解しておきましょう。

請求を意識したメンテナンスを

いざ請求しようと思ったら、保険金受取人がすでに死亡していたとか、結婚・離婚などで姓が変わっていたというケースでは、通常の請求手続きよりも相当に手間がかかってしまいます。保険は、加入したら終わりではありません。そこからが始まりです。契約期間中のメンテナンスをきちんとしておかないと、支払条件を満たしていても受け取れないという事態に陥ることもあります。

入院給付金や高度障害保険金など、死亡保険金以外は被保険者*が受取人となることがほとんどです。本人が寝たきりなどで受け取れない場合も想定し、指定代理請求人を決めておくことを忘れずに。

ただし、保険会社が定めた指定代理請求人の条件（同居または生計を一にしている戸籍上の配偶者など）を満たさなくてはなりません。指定した時点では満たしていても、請求時には違っていることもあります。状況が変われば、変更届を出しておきましょう。

たとえば、住所変更をうっかり忘れていて満期の通知が届かず、保険会社に問い合わせると「通知は出しました」と突っぱねられて、すったもんだしたケースがありました。また、高度障害状態になったことは認定されたけれど、指定代理請求人が行方不明状態になっていたため、成年後見人以外には支払えないと言われたケースもあります。最終的にはなんとか保険金の受け取りまでこぎつけたものの、きちんとメンテナンスをしておけば大変な思いをせずにすんだはずです。

請求しなければ、保険金は受け取れません。本人だけでなく家族も保険の存在を知り、どんなときに請求できるか知っておく必要があります。保険料を払い続けたけれど請求しないまま、などということのないようにしたいものです。とくに、「おひとりさま」は気をつけてください。

＊被保険者——その人の生死・病気・ケガなどが保険の対象となっている人。

4 保険だけが保障ではない

公的年金や公的保険を利用する

日本に住む20歳以上の人は、何らかの公的年金に加入しています。年金といえば老後の生活保障を思い浮かべるでしょう。でも、それだけではありません。生計を維持している人が死亡したときは遺族年金が、病気やケガがもとで障害が固定されたときは障害年金が支給されます（22ページ表2）。障害年金は内臓疾患や精神疾患も対象で、保障範囲、給付額ともに生命保険の障害特約などとは比較にならない手厚さです。認定されることが条件ですが、知らなければ申請すらできません。

このように、生命保険に入らなくても、死亡保障や障害保障は一定程度準備できています。ただし、加入期間のうち保険料を3分の2以上の期間納付しているなどの納付要件がありますので、未納には注意してください。ほったらかしにせずに、払えないときは免除申請をしましょう。

また、病気やケガの治療は公的医療保険を使い、高齢になったときに介護が必要になれ

表2　さまざまな生活保障

公的年金	公的医療保険	公的介護保険	税　金
老齢年金 障害年金 遺族年金	療養の給付（必要な治療が受けられる） 高額療養費の還付 傷病手当金や出産育児一時金	施設介護サービス 在宅介護サービス 介護環境を整えるためのサービス	国：児童福祉法や障害者自立支援法に基づく給付など 地方：乳幼児医療費助成など 国と地方：難病患者の医療費助成（医療保険優先）など

＊【障害年金の支給額】（2012年度価格）
障害基礎年金1級98万3,100円。障害基礎年金2級78万6,500円。生計をともにしている18歳未満の子ども（障害のある子どもは20歳未満）には加算あり。
サラリーマンは障害厚生年金も合わせて支給。

ば公的介護保険が利用できます。医療費助成など、税金でまかなわれる制度もあります。

生命保険は死亡保障にしぼりこむ

私たちは働いて得たお金から税金や社会保険料を支払い、残りのお金で暮らしをやり繰りしています。限りあるお金を万一のときのためにばかり使ってしまうと、日々の暮らしにまわすお金が少なくなり、「お金が足りないリスク」に何度もさらされることになりかねません。

保険の役割は、自力でまかなえないリスクを保険料というコストを払ってカバーすること。とくにサラリーマンの場合は、さまざまな福利厚生制度があります（図5）。コストをかけるのは、公的保障や勤務先の福利厚生制度、自前の貯蓄などでは不足する分にとどめたいもので

図５　サラリーマンの福利厚生制度の例

【死亡のとき】
死亡退職金・弔慰金・死亡見舞金など
遺児育英年金など
【ケガや病気のとき】
健康保険組合・共済組合の付加給付
傷病見舞金・長期療養見舞金など
差額ベッド料補助

保険に加入するとき、公的保障や勤務先の保障を差し引いて保険金額を設定しましたか？

す。そこで、実際に不足する額を計算したうえで（25ページ図6参照）、期間の短い割安な定期保険（掛け捨て）で手当てをしてはどうでしょうか。

ほとんどの生命保険は、死亡と高度障害の保障がセットです。保険の醍醐味は少額の保険料で高額の保障を得ること。15ページのような複雑な保険ではなく、勤務先のグループ保険や短い定期保険で、死亡と高度障害保障を割安に調達するのが合理的です。

たくさんの特約が付いた保険は、一見多様なニーズを満たしてくれるように思えます。でも、元気で何事もなければ、ひたすら保険料を消費するだけです。支払事由を満たしそうで満たしていないときは、保険料の支払いは続くけれど保険金は受け取れず、さらに医療費負担もかかる事態になってしまいます。

貯蓄は目的を問わず、下ろすか下ろさないかを自分で決められる万能の保険。保険料を払うつもりで、自前の保険貯蓄を始めませんか。これこそ多様なニーズを満たす保険です。

5 生命保険は社会人としての責任ですか？

社会人になることと生命保険への加入は、関係ありません。あなたの収入によって生活を支えられている家族などがいて、あなたに万一のことがあったときに、その人が経済的に困窮するなら別ですが、そうでなければ保険加入の必要性は低いと考えてください（図6）。

社会人としての責任を果たすとは、働いて収入を得、自立した生活が継続的に営めること。もし、現在まったく貯蓄がなく、葬儀費用くらいは残したいというのであれば、死亡保障や入院保障などがセットになった割安な共済に加入してはどうでしょうか。そのときは、共済に加入していることを家族に必ず伝えておきましょう。

また、勤務先に任意で加入できる1年更新のグループ保険があれば、おそらく個人で保険会社と契約するよりも割安だと思われるので、優先的に利用してはどうでしょう。毎年5月ごろに募集の案内がくる会社が多いようです。

社会人1年生にとって大切なのは、自己研鑽や旅行、留学、趣味などで必要になったとき

図６　保険「いる？」「いらない？」チェックリスト

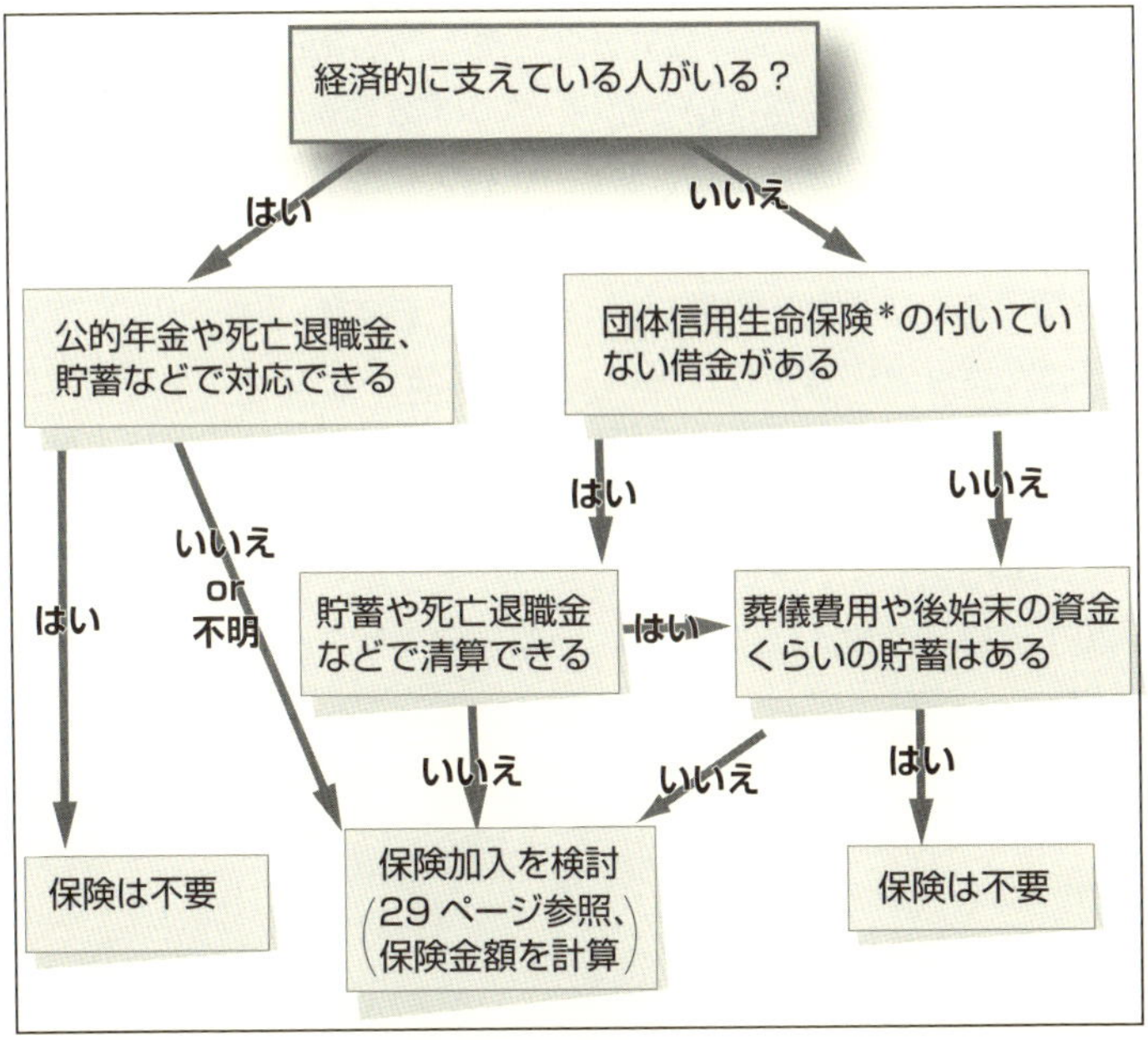
経済的に支えている人がいる？
はい
いいえ
公的年金や死亡退職金、貯蓄などで対応できる
団体信用生命保険＊の付いていない借金がある
はい
いいえ
いいえ or 不明
はい
いいえ
貯蓄や死亡退職金などで清算できる
はい
葬儀費用や後始末の資金くらいの貯蓄はある
いいえ
いいえ
はい
保険は不要
保険加入を検討（29ページ参照、保険金額を計算）
保険は不要

＊住宅ローンなどの借入金とセットで加入し、ローン契約者が死亡・高度障害状態になったときは保険金で借入金が清算できる。

に、必要なだけのお金が準備できていること。お金自体が目的ではありませんが、お金があれば人生の選択肢が増えます。将来の自分に対する投資だと思って、毎月少しずつ積立貯蓄を始めましょう。

数年先に保険の必要性が出てきたとき、貯蓄があれば、その分だけ保険金額を抑えられます。社会人のスタートに際して、お金から自由でいられる土台づくりを始めませんか。

したい金額をすべて保険でまかなおうとしがちです。でも、15年あるいは18年といった年月の間には、お金が必要になる場面が何回もあります。

貯蓄であれば元利合計額が手元に残りますが、貯蓄性が高いといわれる保険でも契約後数年間は元本割れです。途中解約しなくてすむように、学資保険は最後まで継続できる保険料に抑え(図7)、貯蓄と組み合わせて備えましょう。

もしかしたら、おじいちゃんやおばあちゃんから「学資保険はトク」とか「あなたの大学の費用も学資保険でまかなったのよ」と言われるかもしれません。でも、おじいちゃんやおばあちゃんの時代は、いまよりはるかに予定利率が高く、前提条件がまったく違います。時代認識を間違わないことが商品選びには重要です。

図7　学資保険の保険料は抑える

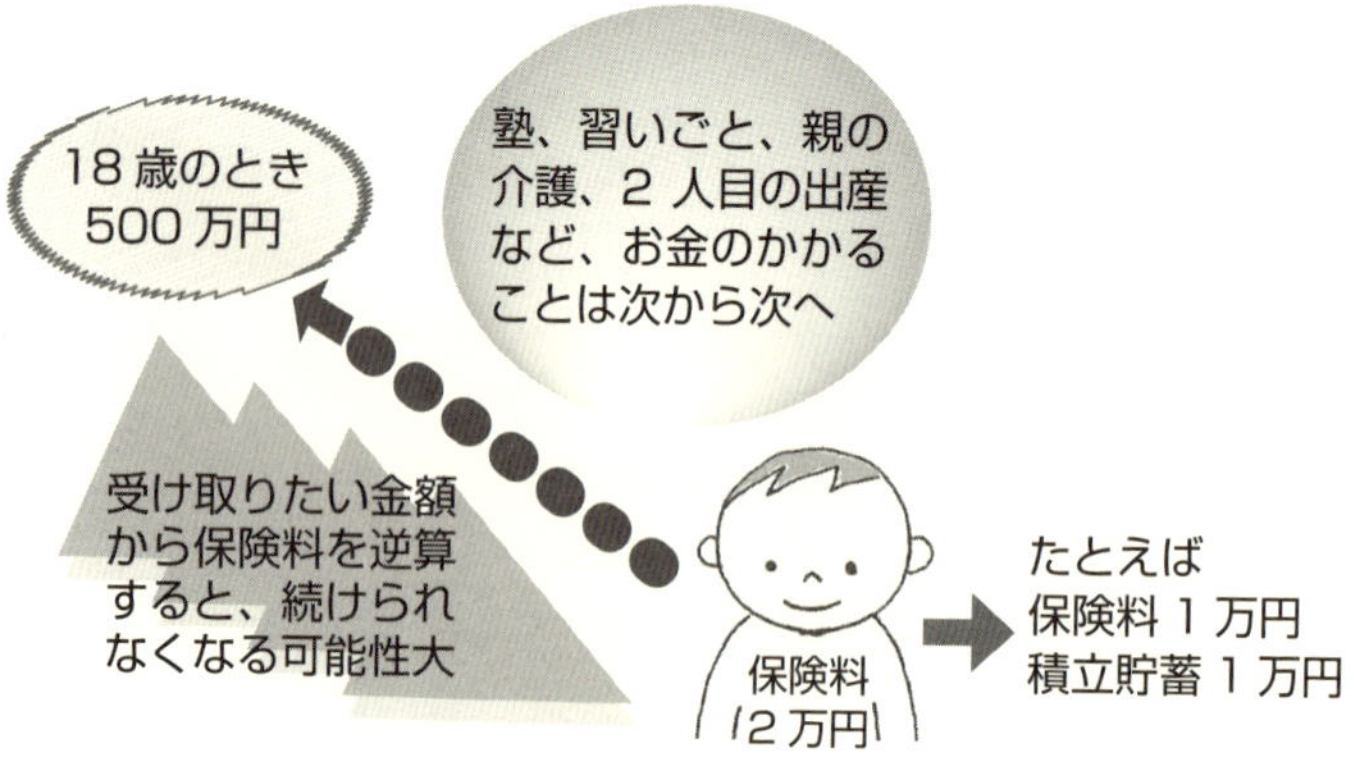
18歳のとき
500万円
塾、習いごと、親の介護、2人目の出産など、お金のかかることは次から次へ
受け取りたい金額から保険料を逆算すると、続けられなくなる可能性大
保険料
2万円
たとえば
保険料1万円
積立貯蓄1万円

コラム ❶

「子どもが生まれたら学資保険」ってホント？

学資保険は、契約者を親、被保険者を子どもとする生命保険です。進学時期に合わせて、お祝金や満期金が支払われます。

契約者である親が死亡もしくは高度障害状態になった場合は、それ以降の保険料支払いが免除となりますが、契約は継続するため、お祝金などは受け取れます。つまり、預貯金と違って、親が万一のときにお祝金や満期金を子どもの学資金として残せるのが特徴です。

おじいちゃんやおばあちゃんから学資保険への加入を勧められるケースが多いようですが、昔ほど有利な商品ではなくなっています。契約後に金利が上昇しても、契約時の低い予定利率はそのまま変わりません。

とはいえ、進学などの節目節目にお祝金が受け取れるわかりやすさと、誕生記念行事的な要素があるので、学資保険のニーズは根強いものがあります。加入する場合は、勧められたものをそのまま受け入れないこと。できるだけ特約の付かないシンプルで、相対的に貯蓄性の高いものを選ぶように、心がけましょう。

親が死亡したときの育英年金や子どもの死亡保障、入院保障などが付いているタイプの学資保険は、保障コストが高くなります。したがって、払った保険料より受け取れる金額が少なくなる場合も珍しくありません。保障が必要なら、別途必要な金額をきちんと計算して、学資保険とは切り分けて、死亡保障を目的とする保険料の安い定期保険に加入しましょう。その際、学資保険のお祝金や満期金を差し引くことを忘れずに（29ページ表3参照）。

また、学資保険の保険金額を決める際に、教育費として用意

6 ほどよい保障額の見つけ方

万一のときの資産と負債を計算しておく

ほどよい保障額を見つけるために、万一のことが起こったとき、具体的にどのような行動をとるかをイメージしてみましょう。

- 残された家族がどこで暮らすか
- 両親や親せきなどの援助は期待できるか
- 残された家族の収入はどのくらい見込めるか
- 子どもの教育をどうするか

これらを前提として、万一のときに残る資産と負債を計算します。

資産については、まず、現在の貯蓄額や勤務先から支給される死亡退職金・弔慰金です。次に、持ち家を売却して妻が子どもを連れて実家に戻るという前提であれば、売却金額も資産に入れます。学資保険に加入していれば、お祝金なども含めましょう。

住宅ローンは、契約者が死亡したときは団体信用生命保険(団信)で清算されます。清算

表３　ほどよい保障額の見つけ方

資　産		負　債	
貯蓄など	500万円	団信のないローン	100万円
死亡退職金・弔慰金など	1500万円	葬儀費用など	150万円
資産売却など	0	引っ越し費用など	0
学資保険のお祝金・満期金	0	生活費不足分（＊1）	1500万円
		家族に残したい資金（＊2）	1000万円
資産合計（A）	2000万円	負債合計（B）	2750万円
目安となる保険金額		（A）－（B）	▲750万円

（＊1）の計算式

継続的な収入（遺族年金・家族の収入など）－万一のときの生活費

＝マイナス金額が１年間の不足分（ア）

（ア）を何年分準備するかを決める

末の子どもが大学卒業するまで
末の子どもが成人するまで
妻が働き始めるまで
妻の平均余命まで
とりあえず10年間

万一のときを具体的に思い浮かべ、気持ちが落ち着く年数を決める

（＊2）の例

- 子どもの教育費（教育方針も考え合わせて）
- 不測の出費　家電製品の買い替え，住まいの修繕など
- 妻の老後資金

されない借金や葬儀費用、引っ越す場合の費用、遺族年金や家族の収入では不足する生活費、家族に残したい資金などは、負債として計算します。

　生活費については、何年分を準備するか考えてください。たとえば、末の子どもが成人するまで、あるいは大学卒業するまでなど、気持ちの落としどころを見つけます。「家族に残したい資金」は、

教育費や不測の出費に備える資金など。資産合計から負債合計を差し引き、マイナスとなった金額が目安となる保険金額です（表3）。

目安の保険金額は変わる

計算した保険金額は現時点での数字。これまでの計算ステップを振り返ると、目安の数字は毎年変化していくことに気づくと思います。具体的に見ていきましょう。

①現時点で今後10年分と決めた生活費の不足額は、1年経過するごとに1年分ずつ減らしていける。
②貯蓄が増えれば、資産合計が増える。
③子どもが成長するにしたがって、教育費や養育費の責任は軽くなる。
④勤続年数が増えれば、死亡退職金や遺族厚生年金が増える。
⑤専業主婦だった妻が働き始めると、生活費の赤字が減るか、もしくはなくなる。

これらはすべて保険金額を減らせる要素です。同じ保険金額のまま長く契約を続けるのは、適切ではありません。住宅購入や子どもの進学といった節目に適宜保険金を下げていき、保険料負担を軽くしていくことが合理的です。

7 家族や地縁・血縁・友人なども暮らしを支える広い意味での保険

ある晩、山口さんは友人と電話で話しながら、「いつもと様子が違うな」と感じました。どことなくしゃべり方がぎこちないのです。電話を切ってからも胸騒ぎがするため、タクシーで自宅まで行ってみると、意識朦朧《もうろう》状態。すぐに救急車で病院へ。脳梗塞を起こしていたそうですが、発見が早かったので大事には至りませんでした。

人は一人で生きているわけではありません。いろいろな人とかかわり合い、助けたり助けられたり、迷惑をかけたりかけられたりしながら生きています。「おとなになる」とは、上手な迷惑のかけ方・かけられ方を学ぶことかもしれません。友人に愚痴を聞いてもらえば、落ち込んでいた気持ちが少しは解消するでしょう。具合が悪いときに看病してくれる家族や、心配して訪ねてきてくれる友人は、本当にありがたい存在です。

人とのつながりが希薄になると、お金が頼りになります。そこで、心配ごとを解決するために保険に加入します。ところが、保険は困ったときに助けてくれるものでも、死なないためのお守りでも、よい治療や介護を保証してくれるものでも、ありません。

とはいえ、死亡保障機能は生命保険ならでは。一カ月数千円の保険料で数千万円もの保障を得られるのは、預貯金にない特徴です。子どもが小さく、貯蓄も少ない時期には、保険の力を借りる必要があるかもしれません。

ただし、世界有数の長寿国日本において、現役世代で死亡し、保険金で家族への責任を果たす人は、決して多くありません。60歳時の男性の生存率は約91%（厚生労働省「平成22年簡易生命表」より）。大半の人は生き続けて責任を果たします。自力では不足する分を埋めるために、保険の力を一時的に借り、子どもの成長や貯蓄の増加などにしたがって保険から卒業しましょう。

ちょっとした医者通いでお金がかかるとか、歯の治療に高額の費用がかかるとか、マッサージや整体で身体のメンテナンスをするとか、暮らしの質を高めるためにかかる（かけたい）お金は、保険金支払いの対象にはなりません。お金は使い方しだいで生活をうるおし、便利にしてくれます。保険料はほどほどにし、安全な食材を使ったバランスのとれた食事、適度な運動、友人・知人とのお付き合いなどにお金を使うことも、広い意味での保険になるのではないでしょうか（図8）。

図８　暮らしの保障は保険加入だけではない

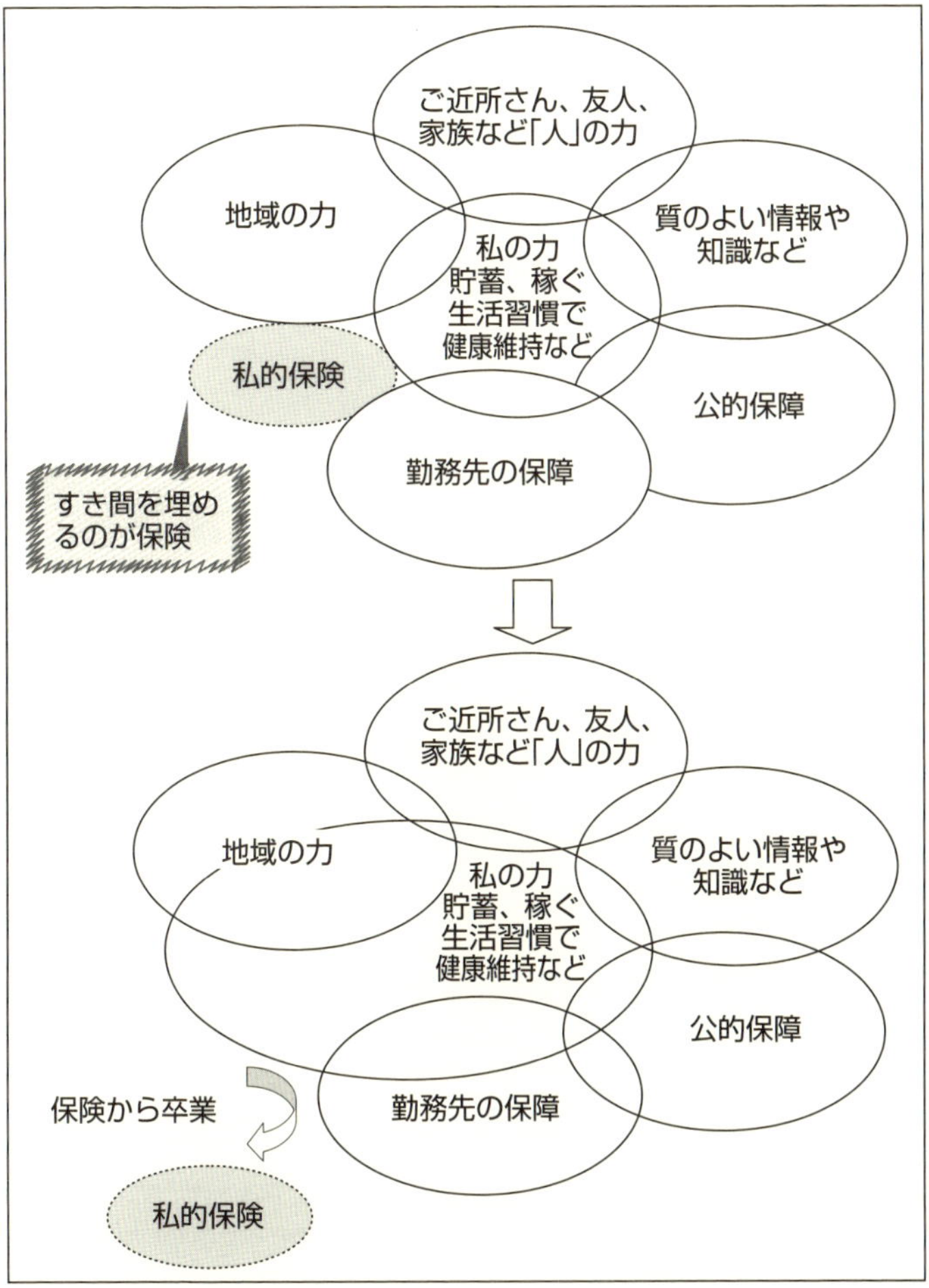

図９　終身保険と通販の定期保険では保険料が大きく違う

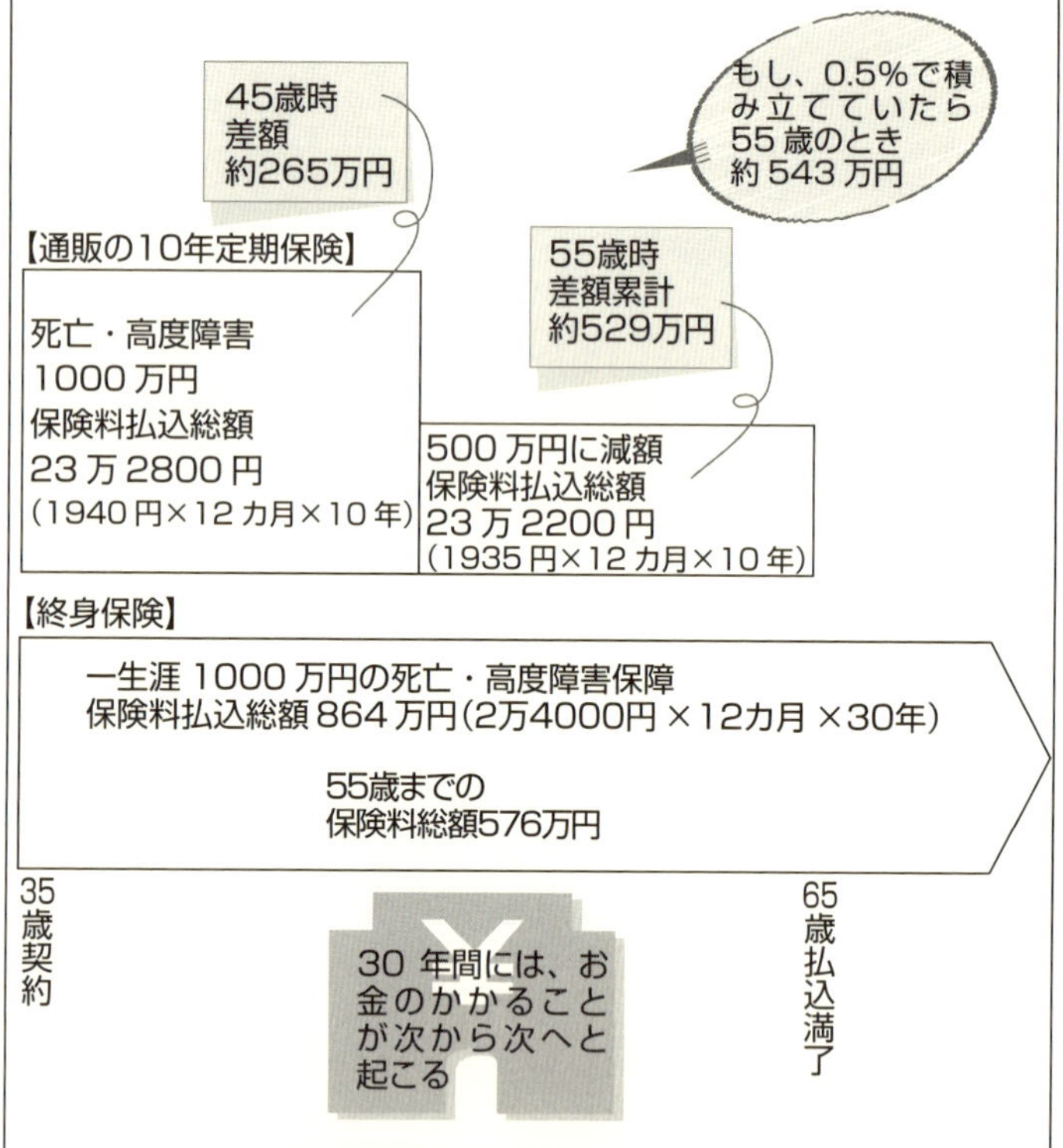

●45歳までの終身保険料総額　288万円（2万4000円×12カ月×10年）
通販の定期保険との差額　288万円－23万2800円＝264万7200円
●55歳までの終身保険料総額　576万円（2万4000円×12カ月×20年）
通販の定期保険との差額　576万円－23万2800円－23万2200円
＝529万5000円

コラム ❷

長生きするから終身保険ってホント？

保険は「つなぎ」と考えよう

保険料を支払って1000万円の保険契約をすれば、たとえ契約が開始した日に死亡しても1000万円が残せます。一方、1000万円を貯蓄しようとすれば、長い年月が必要です。

いま欲しい保障がすぐ手に入ることが保険のメリット。子どもの教育資金や万一に備えての貯蓄が準備できるまでの「つなぎ」に保険商品は最適です。ただし、さまざまな準備が整うにつれて、「つなぎ」としての役割は少しずつ終了していきます。

終身保険は、何歳の時点で死亡しても保険金が支給される商品です。たとえば35歳の男性が1000万円の終身保険を買う場合、払込満了を65歳とすると毎月の保険料は2万4000円です。

一方、保険期間10年の定期保険なら2880円。期間を限定することで、同じ1000万円の保障が非常に割安に準備できるのです（大手生命保険会社の例）。さらに、通販の割安な保険なら1940円。どの保険に加入しても、死亡したときの保障は1000万円です（図9）。

10年間の保険料支払い額が300万円近くも違う

通販の保険と大手生命保険会社の終身保険の10年間の保険料支払いの差は約265万円です。10年後の45歳時点で、貯蓄も増えたし子どもも成長したので保険金額を500万円に減額して更新すると、その時点での保険料は1935円となります。

したがって、45歳からの10年間の保険料の総額は約23万円、35歳から20年間の保険料総額は46万5000

円。終身保険と定期保険の20年間の差額は約530万円となります。もしこの金額を年利0.5%で積み立てていたとすれば約543万円です。

終身保険には解約金があるため、掛け捨てより魅力的と感じる方もいます。でも、将来の解約を前提に考えるのであれば、終身保障はそもそも不要ということです。保険期間の短い定期保険で安く保障を確保すれば、浮いた保険料分を貯蓄だけではなく、住宅購入の頭金や子どもの教育費など、さまざまな出費にあてられます。そのことは、めぐりめぐってリタイア時の住宅ローン残高や貯蓄残高などに影響します。

長生きしたときに必要なものは死亡保障ではなく、使い道自由のお金。いくら終身保険に解約金があるといっても、払った保険料が全額積み立てられるわけではなく、貯蓄より有利になることはありません。

破綻の可能性も

50年や60年も契約が続く可能性のあるのが終身保険です。契約している保険会社が破綻すれば、解約金や保険金が削減される可能性があります。

過去の例では、10年程度の定期保険は影響ありませんでしたが、終身保険や年金保険は大きく削減されました。たとえば千代田生命が2000年に破綻した際には、個人年金の年金額が62%、終身保険の保険金が57%削減された契約があります。

また、家族状況も変わりますから、契約当初に指定した受取人がいなくなる可能性もあります。払い込みが終わった後の年数が20年や30年となれば、保険の存在そのものも忘れてしまうかもしれません。

いま手にしている限りあるお金を、数十年先の必要かどうかもわからない保障のために費やすのは、やめましょう。

第2章

どんぶり勘定とあくせく節約にサヨウナラ

1 自分の人生をマネジメントする感覚で家計を考えよう

標準モデルなき時代の家計運営

他人の給料やフトコロ事情が気になるのは人情というものです。他人は他人と割り切ればよいのですが、学生時代の偏差値の名残なのでしょうか。わが家の家計がどのあたりに位置するのか、気になる方が多いようです。たとえば、同世代の貯蓄額や毎月の保険料、水道光熱費などの標準値がどのくらいか。わが家は標準値に収まっているのか。その裏側には、「人並みでいたい」「落ちこぼれたくない」といった不安心理があるような気がします。

「明日は今日より豊かになれる」と無邪気に信じられた時代がありました。人並みに働いていれば生活レベルが上がっていくと、多くの方が実際に感じていたと思います。その当時はいわば標準モデルがまだ有効で、標準モデルをはずれないように流れに乗っていけば大丈夫という「成功の法則」が存在しました。

そのひとつが、「家賃を払うくらいなら、できるだけ早く家を買ったほうがよい」というものです。とりあえず家を買っておけば、当初はきつかったローン返済も給料のアップで負担感は徐々に減り、現役のうちに完済できました。たとえ、無計画に家を買ってローン返済ができなくなっても、その家を売ればローンは清算でき、多少の現金が残りました。いまでも、ローン返済に困れば家を売ればよいと思っている方がいます。かつての成功体験者からの刷り込みかもしれません。

こうした「成功の法則」が成り立つ前提は、「給料が上がり続けること」と「家や土地の価格が購入したときよりも上がること」。少なくとも、ローン残高よりも高く売れなくてはなりません。ところが、新築マンションの場合、物件価格には業者の儲けが含まれます。買ったとたんに2割くらい価格が下がるのが普通です。しかも、昔と違って現在は、購入後に地価が上がっていくとは考えられません。

また、かつてはせいぜい18〜25年程度でローンを払い終えていたことも、見逃せない要素です。大半の方が変動金利タイプで、しかも35年もの長期にわたって借りている現在は、借金の重みが違います（第3章1参照）。

「成功の法則」未経験の若い世代でも、親世代からの申し送りもあり、従来の常識から自由になることはむずかしいようです。「うちの会社はボーナスも給与規定に織り込まれているので、減ったりなくなったりすることはありません」とか、「定年後は子会社に5

年間出向することになっていますから」など、将来変わるかもしれない制度を前提に家の購入計画を立てる方も、決して少なくありません。

標準モデルのない時代を生きるということは、寄る辺のない不安な旅路を行くようなもの。でも、他人との比較でしか幸福度を測る術のない生き方よりも、自分なりの生き方を追求できるというのは、考えようによっては幸せなことではないでしょうか。

その幸せを現実のものにするためには、人生を自ら演出する能力が求められます。たとえば、さまざまなケースを想定したシミュレーション力、危険を察知する嗅覚、時代の流れを読み解く力などは、身につけるべき必須の能力です。

「現在」は過去の積み重ねの結果であり、未来は「現在」の積み重ねの結果

私たちのいまの生活は、ある日突然やってきたものではありません。貯蓄のある方もない方も、子どもの教育資金に四苦八苦している方も、過去の積み重ねの結果として「現在」に到達しているのです。そして、「現在」の先にある未来も、「現在」の積み重ねの結果として現れてきます。では、私たちのいまの行動は「望む暮らしの実現」に向かっているのでしょうか。

第2章では、単なるヤリクリではなく、現在のわが家のお金の流れをつかみ、その連続

性の先に望む暮らしが待っているかどうかを検証する方法を探ってみたいと思います。

なお、ここでは便宜上、給与所得者を前提にしました。しかし、読者のなかには、自営業者やフリーランスの方もいるでしょう。また、三世代同居でお財布をお姑さんが握っていたり、夫から渡された生活費でやり繰りしているケースもあると思います。確定申告をしている方は、実際に家計費にまわせるお金を前提にして読み進めてください。お財布を握られている方は、ご自身が手にできる金額を前提に、その範囲でやり繰りしていかなくてはならない支出を検討の対象としてみてはどうでしょう。

ただし、いずれのケースでも、家族で家計についてオープンに話し合い、一緒に考えていくのが理想です。それがリスク管理にもつながります。夫から渡される生活費だけでやり繰りしてきた方が、夫がまったく貯蓄をしていないことを定年後に知って驚いたという話もあるくらいです。家計の管理は、誰かひとりがやればよいというものではありません。子どもも交えながら、会社でいえば経営会議を行うような感覚で、複眼的に取り組むのが望ましいと思います。

また、あなたが「おひとりさま」なら、５年後や10年後のあなた自身と対話をしてみてください。将来のあなたから、「ありがとう」「おかげで選択肢が広がったわ」と言ってもらえるような、家計運営を考えてみましょう。

2 1カ月に「自分の意志で使えるお金」はいくらですか？

どんぶり勘定を脱するためには、事業運営と同様に、1年間の予算を立てることからスタートします。当然ですが、どのくらいの収入があるかがわからなければ、予算の立てようがありません。といっても、1年間ではピンと来ない人も多いかと思います。まず、1カ月分の給与明細をチェックしてみましょう。

給与明細は情報の宝庫

「自分の意志で使えるお金」というのは、可処分所得とか手取り収入と言われるものです。「口座に毎月振り込まれているお金が手取りじゃないの？」と考える方が多いのですが、残念ながら違います。

給与明細を広げてください。「支給額」という欄があるはずです。その欄には、基本給、残業手当や精勤手当などの各種手当、交通費などの項目があります。それらの合計が支給総額です（表4）。

表４　給与明細の例

支給額	基本給	残業手当	精勤手当	欠勤控除	交通費	その他	支給総額
	200,000	20,000	10,000	− 5,000	9,000	0	234,000
控除額	健康保険	介護保険	雇用保険	厚生年金	所得税	住民税	労働組合費
	9,000	1,700	1,100	19,000	1,500	300	1,500
	互助会費	グループ保険	生命保険	損害保険	財形貯蓄		控除合計額
	500	3,000	15,000	4,000	10,000		66,600
						差引支給額	167,400

次に「控除額」という欄を見てください。ここには健康保険、介護保険、雇用保険、厚生年金、所得税、住民税といった項目があるはずです。そのほか、企業に属しているからこそかかる費用、たとえば労働組合費とか互助会費、共済会費、旅行積立費などがあるかもしれません。また、任意で加入している生命保険や損害保険、社内預金や財形貯蓄などの項目もあると思います。

給与明細に記載されているこれらの数字から、1カ月に「自分の意志で使えるお金」を導き出してみましょう。支給総額から、控除額のうち自分の意思とかかわりなく引かれる項目、健康保険、介護保険、雇用保険、厚生年金、所得税、住民税の数字を差し引きます。労働組合費や互助会費など実質的に選択の余地なく引かれるものも、同様に差し引いてください。こうして算出した数字が「自分の意志で使えるお金」です。

口座に振り込まれるのは、ここから財形貯蓄や保険料を引いた額ですが、これらは自分の意思で変更可能です(44ページ図10)。給与から差し引かれている額を聖域化しないためにも、キチンと

図10　自分の意志で使えるお金と使えないお金

自分の意志で使えないお金

所得税 住民税	健康保険 介護保険 雇用保険 厚生年金	労働組合費、 互助会費 など	財形貯蓄、 生命保険、 損害保険など	自分の意志で使えるお金

社会保険の負担額を知ることによって任意加入の保険料を減らせれば、「自分の意志で使えるお金」を増やすことができる

計算をしてみましょう。

　あらためて計算してみると、健康保険や厚生年金などの社会保険料の負担が大きいことに驚くかもしれません。これらは「自分の意志で使えるお金」の行き先に密接にかかわっています。多くの方が「自分の意志で使えるお金」のうち、相当な金額の生命保険料を払っていることを第1章でみてきました。

　まるで「自分の意志で使えないお金」かのように、毎月数万円の保険料を何十年にもわたって払い続けている状況は、給与天引きの方だけではなく、口座引き落としをしている方も同様です。保険料を引いた後の金額でヤリクリをしようとしても、限界があります。また、積立貯蓄の金額が大きいために毎月赤字に見える家計もあります。こうした家計は、1年を通してみると案外貯蓄ができているケースも多いのです。

3 1年間に「入ってくるお金」を知る

給与明細をチェックして、1カ月間に「自分の意志で使えるお金」を把握しました。次はもう少し時間軸を伸ばして、昨年1年間にいくらの収入があって、そのうち使えるお金がいくらだったのか、実際に使ったお金がいくらだったのか、追跡してみましょう。つまり、1年間のお金の「入り」と「出」です。

家計運営をしていくには現状を知ることが第一歩。それぞれの家計におけるお金の使い方のクセを知り、このままの使い方でよいのかどうかを検討する必要があります。

まず、昨年1年間の手取り収入を計算しましょう。用意するものは、今年1月に勤務先から交付された「源泉徴収票」と、昨年の「給与明細」1カ月分です。

源泉徴収票からは、額面年収、昨年1年間に支払った所得税、社会保険料の数字を拾います（46ページ図11）。住民税は給与明細の住民税欄の数字を拾い出し、それに12カ月分を乗じてください。1年間の手取り収入は、額面年収から所得税、社会保険料、住民税を差し引いた金額です（46ページ図12）。これが1年間働いて手にした「自分の意思で使えるお

図 11　源泉徴収票

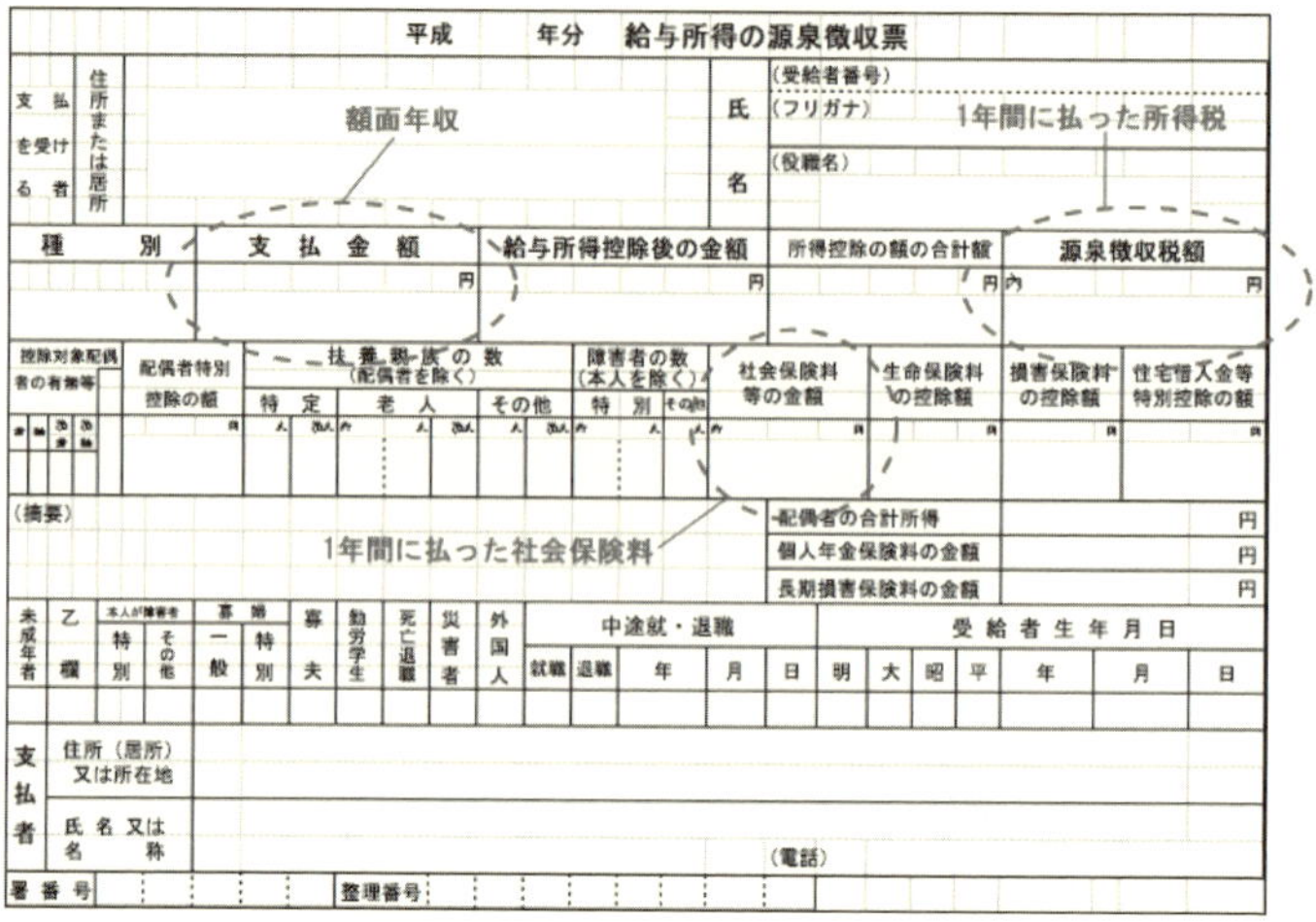
平成　年分　給与所得の源泉徴収票
支払を受ける者
住所または居所
氏名
（受給者番号）
（フリガナ）
（役職名）
額面年収
1年間に払った所得税
種別
支払金額
給与所得控除後の金額
所得控除の額の合計額
源泉徴収税額
控除対象配偶者の有無等
配偶者特別控除の額
扶養親族の数（配偶者を除く）
特定
老人
その他
障害者の数（本人を除く）
特別
社会保険料等の金額
生命保険料の控除額
損害保険料の控除額
住宅借入金等特別控除の額
（摘要）
1年間に払った社会保険料
配偶者の合計所得
個人年金保険料の金額
長期損害保険料の金額
未成年者
乙欄
本人が障害者
特別
その他
寡婦
一般
特別
寡夫
勤労学生
死亡退職
災害者
外国人
中途就・退職
就職
退職
年
月
日
受給者生年月日
明
大
昭
平
支払者
住所（居所）又は所在地
氏名又は名称
（電話）
署番号
整理番号

図 12　手取り収入

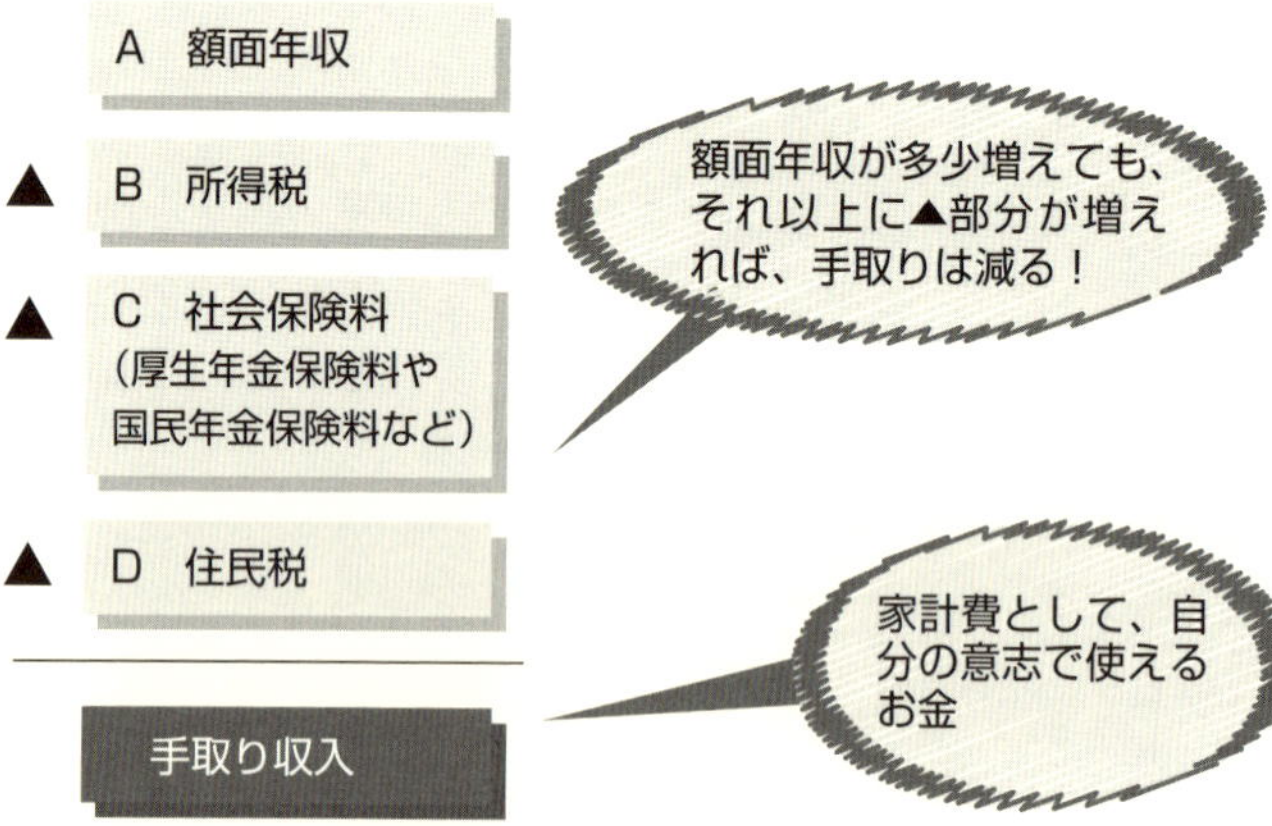
A　額面年収
▲　B　所得税
▲　C　社会保険料
（厚生年金保険料や
国民年金保険料など）
▲　D　住民税
手取り収入
額面年収が多少増えても、
それ以上に▲部分が増え
れば、手取りは減る！
家計費として、自
分の意志で使える
お金

金」です。

実は、この手取り収入の価値はかつてないほど重みを増しています。２００３年の総報酬制（ボーナスからも社会保険料を徴収する）導入以降、さまざまな制度改正によって、私たちが支払う社会保険料や税金が高くなったからです。つまり、図12の「▲」部分が増えたために、額面年収が変わらなくても手取り収入が減り、額面年収が多少上がっても手取り収入は増えないという状況になりました。

私たちの多くは、働いて収入を得ることにより暮らしを成り立たせています。決して、先祖代々の資産を取り崩して生計を立てているわけではありません。そして、「雇用の流動化」という言葉に象徴される「労働の規制緩和」「労働の自由化」は、現在得ている収入が将来にわたって約束されるものではなくなっていることを意味します。

かつての右肩上がりで給料が増え、終身雇用制度が当然と思えた時代と比べると、「現在」手にしている収入（＝お金）の重みは明らかに増しています。この収入をどのように配分していくかによって、将来像は大きく変わっていくはずです。

4 1年間に「出ていったお金」を追跡しよう

家計簿をつけていなくても1年間で使った金額はわかる

昨年1年間で使ったお金を考える前に、手取り収入のうち使わなかったお金を確定しましょう（図13）。使わなかったお金とは、1年間に貯蓄できた金額や、毎月の給料のうち使わずに何気なく口座で増えた金額などです。

家計簿をつけていなくても、定期預金にしたとか、投資信託を買ったとか、口座に残っている金額は金融機関が発行する書類や通帳を確認すればわかります。社内預金や財形貯蓄などで給与天引きされていれば、1年間の積立合計額は少なくとも使わなかったお金です。ボーナスなどで定期預金を組んだり、外貨預金などをしていれば、前年のことですから、まだ記憶に残っているのではないでしょうか。記憶に残っていれば、証拠書類をタンスの引き出しなどから探し出してください。

気をつけていただきたいのは、あくまでも昨年の収入から貯蓄したものであるということです。たとえば、過去に預けた定期預金が昨年満期になり、あらためて預け替えたとい

図13　１年間で使わなかった金額を確定する

定期的な積立金額の年間合計

たまたま預けた（購入した）金額

▲△　生活口座などの年末時点残高－年始残高

▲　過去の貯蓄を取り崩した金額

１年間に使わなかった金額

図14　１年間で使ったお金の総額は？

手取り収入－1年間で使わなかった金額=1年間で使った金額……(A)

うのは、含みません。一方、過去に預けた定期預金や株式、投資信託*を解約して使ったという場合、その金額をマイナスとして計算します。

また、生活費の出し入れをしている口座や、月謝、携帯電話料金などが引き落とされている口座など、暮らしとともに残高が増減する口座がいくつかあると思います。それらの口座の年末時点での残高から、年始の残高を引いてください。マイナスであれば、マイナスの数字のままでかまいません。これらの金額を足したり、マイナスの金額は引いたりして、結果として出てきた数字が1年間で使わなかった金額です。

手取り収入からこの金額を差し引けば、1年間で使った金額が出てきます（図14）。

だから、家計簿をつけていなくても、手元の証拠書類だけで1年間の支出総額は確定できるのです。しかし、使ったお金の総額を突きつけられ、すぐに納得できる人は、少ないのではないでしょうか。

「え〜、こんなに使ってるわけがない」

大半の人が驚きます。

＊投資信託――投資家から集めた資金を1つの大きな資金としてまとめ、運用の専門家が債券や株式などで運用し、その運用成果を個々の投資額に応じて分配する金融商品。

記録と記憶を頼りにお金の行方を追いかけよう

支出総額がわかったら、その中身を確定する作業に移ります。記録と記憶をたどっていけば、だいたいのお金の流れはつかめます。ここで一頑張りして、わが家のお金の使い方のクセを見つけましょう。

まず、記録として残っている支出から確定していきます。たとえば、水道光熱費、家賃・住宅ローン、保険料、お子さんがいらっしゃれば学校関係費や学習塾の費用などが、口座から引き落とされているのではないでしょうか（表5）。口座引き落とし以外にも、クレジットカードの明細書や領収証などが残っているものもあると思います。これらの数字を1

表５　昨年１年間の支出の中身（例）

記録に残っているもの 口座引き落とし 領収証 カード明細書 ……	水道光熱費	万円
	学校関係費	万円
	塾・習い事費	万円
	家賃・住宅ローン	万円
	税金	万円
	保険料	万円
記憶に残っているもの	お小遣い	万円
	大きな買い物	万円
	慶弔費	万円
どうしてもわからない金額		万円
支出総額		万円

最終的に追跡不可能な金額は「生活費」に
納得できない金額分は「使途不明金」に

図14の(A)の数字を記入

年分拾っていき、各項目ごとに総額を出してください。

記録には残っていないけれど、記憶に残っている支出もあるでしょう。たとえば、毎月決まって渡しているお小遣い、家電製品などの大きな買い物、慶弔費、旅行費などです。おおまかな数字でけっこうですから、これらの一年分の金額を計算しましょう。

このようにして、わかる金額をどんどん確定していくと、最後にどうしても確定できない金額が残ります。この金額のほとんどが、日常の買い物に使った金額を積み上げた数字だと思われます。つまり、食材や日用品など1年間の暮らしにかかった「生活費」です。

念のため、確定できない金額の総額を12で割り、1カ月分の水道光熱費や家賃・住宅ローンなどの数字にプラスしてみましょう。それが1カ月分の家計費としてまあまあ納得できるのであれば、「生活費」として処理します。

厳密に言えば、確定できない金額には、外食費や子どもの学用品費など生活費以外の項目も混ざっているでしょう。でも、これ以上は深追いせず、過去の追跡は終了にします。ただし、一カ月分の家計費としては多すぎて納得できない場合、生活感覚として納得できる数字を「生活費」とし、残りを「使途不明金」(どうしてもわからない金額)として処理してもかまいません(表5)。

使途不明金が出たからと言って、落ち込む必要はありません。使途不明金は、使った覚えがないのになくなってしまったお金です。これからの家計運営しだいで、この使途不明金を楽しい記憶として残る使い方に振り向けられるかもしれません。貯蓄をもっと増やせる可能性もあるでしょう。

1年分をまとめると、お金の使い方のクセがわかる

1年間に使ったお金を項目ごとにまとめてみると、日々のヤリクリだけでは見えてこない、わが家のお金の使い方のクセがわかるのではないでしょうか。たとえば、衣服にはこだわらないけれど食べものにはお金をかけているとか、書籍や自動車など特定分野に支出が偏っているというように。

また、たいして使っているとは思っていなかったものが案外大きなウェイトを占めていることに気づくかもしれません。万一に備える保険料が、生きていくための食費を凌駕している場合もあるでしょう。「ぜいたくをしているわけではないのに、なぜか貯蓄ができない」と悩んでいる方が、貯蓄のできない理由に思い当たるかもしれません。

1年間で何にいくら使っているかがわかったら、いままで流れに任せて使っていたお金を、あなたやご家族の望む暮らしが実現できる方向へと舵取りしていきます。単なる節約やヤリクリではなく(これはとても大事なことではありますが)、意識的な家計運営をしていきましょう。

5 支出項目をわが家仕様に再構築する

家計簿つけに挫折する三つの理由

ここまでで、昨年1年間のお金の行く先を追跡しました。その実績をふまえて、今後の家計運営のためのツールとして活用できる「わが家仕様の支出項目」作り、つまり家計簿つけに挑戦しましょう。

「エ～ッ家計簿?:」というネガティブな声が聞こえてきそうです。誰しも一度くらいは挑戦するものの、長続きしない方が多いようです。理由は次の三点ではないでしょうか。

①市販の家計簿のお仕着せの項目に振り回される

「交際費」「保健衛生費」「教養娯楽費」など、ふだん耳にしない言葉がどんな支出に該当するかイメージできないとか、どの項目に入れてよいか迷う支出があるとか、家計簿をつけること自体が煩わしく、負担になってしまうケースです。たとえば、友人と歌舞伎見物に行った場合のチケット代金は交際費なのか教養娯楽費なのか迷いますね。

②家計簿をつけても貯蓄ができない

毎月末に家計簿と睨めっこしては、ため息をつくケースです。家計簿をつけているし、けっこう気をつけて無駄使いしないように心がけているつもりなのに、貯蓄できません。徒労感と罪悪感だけが残り、家計簿から逃避してしまうのです。

③家計簿をつけても楽しくない（暗くなる）

達成感がもてず、積極的に家計簿と取り組むインセンティブがないケースです。しばらくつけてみたけれど、だいたいの暮らしの状況がわかったので、もうつけなくてもよいと思って卒業するベテランさんも含まれます。

ときどき、「家計簿をつけていると夫が不機嫌になるので止めた」とおっしゃる方がいます。妻が眉にしわを寄せながら家計簿をつけていると、自分への当てこすりだと感じる男性がいるのかもしれません。あるいは、家計簿と睨めっこしたあげく、「お小遣いを減らしてもいい？」と言われたりすれば、不機嫌になるのも無理はないでしょう。

独身の場合は、給料はすべて自分の裁量で使え、何となく帳尻が合っていると不都合はありません。だから、家計簿なんて面倒くさいと思うでしょう。いつまでにいくら貯めたいといった目標がなければ、それもまた無理はありません。

家計の体質改善がしやすい支出項目を作る

このように家計簿つけが長続きしない原因は、記録つけにとどまっているからです。せっかくの家計簿を単なる記録つけに終わらせては、もったいないと思います。昨年の支出実績を追跡するために便宜上設けた項目はいったん解体して、今後の家計運営戦略が立てやすい支出項目を再構築しましょう。その際に心がけたいのが以下の3点です。

①自分や家族の年齢の上昇による支出額の変化が見通せる

子どもがいる家庭であれば、子どもの成長にともなって生活費が膨らみがちになるでしょうし、教育費も変わります。社会人になれば、それまで親が負担していた費用を自分でまかなうようになるでしょう。そうした変化が予測できる項目作りを心がけます。

②優先順位が判断できる

どうしても削れない支出や削りたくない支出、できればお金をかけたい項目、意識せずに何となく使っている項目など、支出の優先順位がわかる項目作りを意識してください。

③暮らしの変化に伴う支出額の変化が見通せる

賃貸住まいから持ち家に変わった、一軒家から都心のマンションに移り住んだ、リタイアをしたなど、それまでの暮らし方が変わった場合、1年間の支出額がどれくらい変わるかが予測しやすい項目にしておきましょう。

昨年一年間の支出を追跡するのがキツいという方は、今後の家計管理の土台づくりであるこの段階からスタートしてもかまいません。

ポイントは関連付けた項目作り

支出項目を大まかに分類した大項目を設け、その大項目に関連する支出をさらに細かく小項目として設けます。誰にも関係する分類は、暮らしを維持するための「基本生活費」と「住宅関連費」です（58ページ表6）。

基本生活費のなかには、食費、水道光熱費、日用品費など、家族全員が暮らしていくのに関係する支出を小項目として設けてください。

住宅関連費には、家賃・地代・住宅ローン、固定資産税、管理費・修繕積立金、火災保険料など、住まいに関係するものすべてを入れます。固定資産税や火災保険料を別途「税金」とか「損害保険料」というくくりにするのではなく、現在の住まいに住み続けるためのコストとして捉えるのです。こうしておくと、住み替えをした場合、一年間でコストがどのくらい変わるかの予測が容易になります。

自動車を保有している人は「自動車関連費」という大項目を作ります。住宅関連費と同様に、自動車を持っているからこそかかる費用という観点から、自動車ローン、自動車税、

表６　家計簿は大項目と小項目を設ける

基本生活費 （例） 家族全員に 関係する支出	食費	万円
	水道光熱費	万円
	通信費	万円
	日用品費	万円
	小計	万円

住宅関連費 （例）	家賃・地代・住宅ローン	万円
	固定資産税	万円
	管理費・修繕積立金	万円
	火災保険料	万円
	小計	万円

自動車関連費 （例）	自動車ローン	万円
	自動車税	万円
	自動車保険	万円
	ガソリン代	万円
	駐車場代	万円
	小計	万円

自動車保険、ガソリン代、駐車場代などを小項目として設けましょう。自動車を手放したら一年間でいくら浮くのか、もう一台増やしたりグレードを上げたら（下げたら）どうなるか、といった予測ができます。

次に、「人」に関連付けて項目を立てます（表７）。一人暮らしであればお金を使うのはすべて自分自身ですが、家族で暮らしていると、「誰が」「何のために」「いくらの」お金を使ったのかは重要なポイントです。この図では「パパ」「ママ」「子ども」関連費となっていますが、実際には個々の名前を当てはめてください。

表７「人」に関連付ける項目例

パパ関連費	小遣い
	小遣い以外の臨時支出
	ゴルフ
	通勤用スーツ・靴
ママ関連費	小遣い
	美容・化粧品
	衣料品
子ども関連費	学校教育費
	スイミングスクール費
	塾・交通費

たとえば、子どもが塾に通うための交通費は、別途「交通費」の項目に入れるのではなく、「子ども関連費」という大項目の中の小項目に「塾・交通費」を設けます。こうしておくと、塾通いを止めると年間いくら浮くかが一目瞭然です。塾に通うとき用のプリペイドカードを用意すれば、交通費の特定は容易です。

もうすぐリタイアを迎える人が、リタイア

表8 「行動」に関連付ける項目例

レジャー関連費	交通費・ガソリン代・高速代
	外食費
	宿泊費
帰省関連費	交通費・ガソリン代・高速代
	レジャー(帰省先で)
	お土産代
自己投資関連費	資格取得費
	書籍
	交通費

前と後でどのような支出の変化があるかを整理するときも便利です。通勤用のスーツや靴は不要になるけれど、趣味のお金を増やしたいなど、具体的にどのくらいのお金を確保しておけば望むような暮らしができるのかが見えてきます。

さらに、「行動」に関連付ける項目立ても有効です(表8)。「レジャー」「帰省」「自己投資」などの大項目の中に、「交通費」「外食費」など、その行動をするからこそかかる費用を小項目として設けます。項目名は「ディズニー関連費」「歌舞伎関連費」など、個別具体的なものでかまいません。

もしかしたら、自己投資だからと言い訳しつつ、実は勉強のための費用よりも飲み代のほうが高くついていることに気づくかもしれません。もちろん、飲み会は情報交換の場として有効なケースも多いのですが、何事もバランスが大事です。

毎日家計簿をつけるのがおっくうであれば、項目ごとの封筒を用意し、買い物の際にもらったレシートを該当の封筒に入れておき、一カ月ごとに集計してもよいでしょう。

6 支出に優先順位をつけよう

問題点がわかれば、解決策が見つかる

年代を問わず、家計に対する不安はつきものです。

「元気ならいいけれど、病気になったら……」

「リタイア後の生活は年金でまかなえるかしら？」

「収入が途切れたら……」

「子どもの教育費はちゃんと準備できるのかしら？」


将来は不確実です。不確実なものに対しては誰もが不安を感じます。でも、不確実な将来に可能なかぎりくっきりした輪郭を与えれば、漠然とした不安が明確な問題点として浮かび上がります。問題点が浮かび上がれば、解決策が見つかるはず。解決策が見つかれば、不安を希望に変えられます。

一年間に使ったお金をわが家仕様の支出項目に再構築しましたが、ここまでの作業だけでも、お金の使い方のクセや貯蓄ができない理由などが腑に落ちてくるのではないでしょ

表9　支出にランク付けをしてみる

	青信号支出	黄信号支出	赤信号支出
基本生活費	300万円	300万円	240万円
住宅関連費	200万円	200万円	200万円
子ども関連費	100万円	60万円	30万円
自動車関連費	50万円	30万円	0万円
レジャー関連費	80万円	40万円	0万円
合　計	730万円	630万円	470万円

賃貸の場合は家賃の安い家に移り住めるが、住宅ローン返済中は固定費となる

2台を1台に、車のグレードを下げるなどの工夫をする

お稽古事や塾を見直し、最後は学校関係費が残る

生活費を切り詰めるのは最後の手段

うか。使っているという意識はなくても、何気なくコンビニに立ち寄って雑誌などを買うという行動パターンの結果が、1年間の集計をすると、けっこうな金額になっているかもしれません。子ども関連費が突出して大きく、他にお金がまわる余地がない場合もあるでしょう。

いきなり食費を削るのではなく、支出のランク付けをしよう

ここでは一歩進んで、支出にランク付けをしてみましょう（表9）。

たとえば、収入がダウンしたり、将来に備えてもっと貯蓄しなくてはならないという場合があります。そんなときは、いまは何となく使っているけれど、引き締めようと思えば引き締められる支出、使わなくても我慢できる支出はど

れかを検討してください。検討に際しては聖域を設けず、あらゆる支出を俎上に乗せましょう。その結果を合計したものが、黄信号の年間支出額です。

さらに厳しい経済状況になったとき、削れるかぎりのものを削った後、最低限の暮らしを成り立たせるために必要なお金が一年間にどのくらいかを計算してみます。これが赤信号の年間支出額です。

家計が赤字気味になったり、貯蓄ができないとなると、多くの人たちの関心が食費や水道光熱費の削減に向かいます。でも、食費を削ってもたかが知れていますし、健康な暮らしを営むための大切な支出です。外食癖があって明らかに支出が膨張している場合は別ですが、そうでなければ、ここに手をつけるのは最後の手段。

まず、現時点の年間支出の結果を青信号とし、それをもとにそれぞれの支出の優先順位を見極めましょう。黄信号支出と赤信号支出のランク付けが先決です。

こうした作業をとおして1年間の支出の状況を俯瞰すると、漫然と支出している経費や、効果の割に膨らみすぎている経費など、月々のヤリクリだけでは見えなかった実態が明らかになります。その結果、ライフラインである水道光熱費や食費などの基本生活費をいきなり削るのではなく、重要度や優先度の低い経費から切り込むという合理的な対策が可能になります。

将来に好影響を与える方向にお金を振り向ける

たとえば、事情が許すのであれば、1年間の自動車関連費と、必要に応じてタクシーやレンタカーを利用した場合の支出のどちらがリーズナブルか、検討してみてはどうでしょう。その際には、保有コストだけではなく、購入時のコストも考慮してください。

また、老後の生活資金に備えて個人年金保険の保険料を支出し、一方で住宅ローンの返済をしているケースもあるでしょう。個人年金の実質利率と住宅ローンの金利のどちらが高いですか?

住宅ローンの金利のほうが高ければ、個人年金はやめて毎月の保険料と同額をローン返済額に上乗せすれば、返済期間が短縮し、結果的に老後の資金に好影響を与えます。返済期間は変えずに、一時的に返済額を増額するサービスの付いた住宅ローンを扱っている銀行もあります。契約をしている銀行で取り扱っているかどうかを確認してみてください。

7 15年間のお金の流れを予測してみる

都合のよい年数で考えよう

ここまでで、１年間に入ってくるお金と出ていくお金の流れがつかめたと思います。次の段階では時間軸をもっと長くして、いまのままのお金の使い方を続けると将来の家計がどうなっているのかを予測してみましょう。ただし、少し上級コースになるので、飛ばして「８目標を実現するための予算立てをする」に進んでもかまいません。また、表10を利用して、お子さんの教育資金計画だけを作るのでもＯＫです。

ここでは15年間で考えてみますが、それぞれの事情に合わせて、お子さんが進学する年までとか、留学や起業、転職などを予定している年までとか、適宜都合のよい年数にしてください。また、将来のことなどわからないという方は、２〜３年もしくは来年の予測をするだけでもかまいません。

まず現在を起点にして、今後15年間の西暦・和暦、家族構成と年齢の変化を表にします（66・67ページ表10のA）。名前を記入するのは、同居の家族だけとは限りません。将来、

構成と収支予定

7	8	9	10	11	12	13	14	15
2019	2020	2021	2022	2023	2024	2025	2026	2027
平成 31	平成 32	平成 33	平成 34	平成 35	平成 36	平成 37	平成 38	平成 39
42	43	44	45	46	47	48	49	50
42	43	44	45	46	47	48	49	50
16	17	18	19	20	21	22	23	24
12	13	14	15	16	17	18	19	20
高校入学	学費	学費	大学入学	学費	学費	学費		
107	77	77	130	83	83	83		
学費・塾	中学入学	学費	学費	高校入学	学費	学費	大学入学	学費
36	54	44	45	134	104	104	131	85
					車購入			
					100			
143	131	121	175	217	287	187	131	85
	学資満期金							
	100							
0	100	0	0	0	0	0	0	0

親の介護を担わなければならないなら、一緒に住んでいなくても両親の名前を入れるなど、今後のあなたの生活設計においてかかわりの深い人を入れます。ペットの名前を入れた方もいるくらいですから、それぞれ使い勝手がよいように考えてください。

予想される大きな支出を書き出す

西暦や和暦の年次や家族の年齢の変化を見ながら、どんな出来事が起こりそうか、それに伴う出費はどのくらいかを考えてみてください（表10のB）。年次を確認して、法事が行われる年の支出を想定したり、年

表10　15年間の家族

		経過年数	現在	1	2	3	4	5	6
		西暦(年)	2012	2013	2014	2015	2016	2017	2018
		和暦(年)	平成24	平成25	平成26	平成27	平成28	平成29	平成30
A	家族構成(歳)	佐藤　誠	35	36	37	38	39	40	41
		佐藤智子	35	36	37	38	39	40	41
		佐藤美咲	9	10	11	12	13	14	15
		佐藤　隆	5	6	7	8	9	10	11
B	今後の予定と支出額(万円)	美咲学費			学費・塾	学費・塾	中学入学	学費	学費
					36	36	27	17	17
		隆　学費			小学校入学	学費	学費・塾	学費・塾	学費・塾
					19	9	16	36	36
		その他					法事	車購入	
							20	100	
		支出合計	0	0	55	45	63	153	53
C	保険の満期金や年金などの収入予定(万円)							養老保険	
								100	
		収入合計	0	0	0	0	0	100	0

齢の変化から入学やリタイア、独立などに思いをはせたりして、大きな出費が予想されるものはすべて書き出してみましょう。

　家族の年齢構成の変化を確認するだけでも、「現在」は永遠に続くわけではないという当たり前の事実に気づかされ、心理的に大きな影響があるようです。育児で大変な時期の方であれば、ほんの数年経つだけで状況が変わり、少しずつ自分の時間がもてるようになることに気づきます。思春期でむずかしい年頃の子どもも、あと数回お正月を迎えれば、独立して親元を離れるかもしれません。

確実に年齢を重ねていくという事実の前に、漠然としていた夢や目標を実現する行動を促すきっかけになるかもしれません。そのためにかかる費用を考え、具体的な数字を記入することで、さらに現実味を帯びてきます。

入ってくる予定のお金を書き出す

入ってくることがあらかじめわかっている収入も書き出しましょう（表10のC）。親から贈与を受ける予定とか、保険のお祝金や満期金が入ってくるとか、個人年金の受け取りが始まるといったことなどです。すべて記憶している人は少ないでしょうから、保険証券を取り出して確認してみてください。

証券によって西暦で表示しているものと和暦で表示しているものがあります。表の年次欄に西暦と和暦の両方を設けておけば、いちいち読み替えなくてよいので便利です。

保険商品の場合、目的が貯蓄であっても、支払った保険料がそのまま貯蓄額に反映されるわけではありません。そこで、保険料を支払った時点では支出として扱い、満期金やお祝金あるいは解約金として実際にお金が手元に入った時点で、収入とします。配当金がつくタイプの保険もあるでしょうが、あらかじめ約束されたものではありません。契約時に決まっている保険金や年金額を記入するにとどめましょう。

図 15　物価上昇率を織り込んだ計算

n 年後の価値＝現在価値×（1 ＋上昇率）^{n}

たとえば物価上昇率 2％で現在価値が 100 万円と仮定すると 10 年後には？

100 万円×（1 ＋ 0.02）^{10} ＝ 121.89944…

現在 100 万円のものは 10 年後約 122 万円になっている

将来の物価上昇を見込む

現在はデフレで、モノの価値があまり上がる状況ではありません。しかし、インフレになると、いま１００万円で買えるものが5年後や10年後に同じ値段で買えない可能性があります。将来の支出予定額については、今後の物価上昇を織り込んだほうがよい場合があるかもしれません。ただし、ここでは現時点で必要な金額を記入します。

念のため、今後の物価上昇も織り込みたいと考える方は、納得のいく物価上昇率を想定して、将来同じ価値のものを購入するために必要な金額を出してみてもよいでしょう。現在の金額からn年後の金額を求める式を、図15に示しました。

電卓を使っても計算できますが、パソコンでエクセルを使うとより便利です。表に入れる数字は、小数点以下を四捨五入するとすっきりします。

ここまでは、日常の暮らしのお金とは別に、少し大きなお金の出入りを整理してみました。次に、今後15年間の暮らしのお金の出入りを予測してみましょう。

の家計予測表

7	8	9	10	11	12	13	14	15
2019	2020	2021	2022	2023	2024	2025	2026	2027
42	43	44	45	46	47	48	49	50
42	43	44	45	46	47	48	49	50
16	17	18	19	20	21	22	23	24
12	13	14	15	16	17	18	19	20
長女高校	長男中学校		長女大学	長男高校	車購入		長男大学	
500	500	500	500	500	500	500	500	500
	100							
500	600	500	500	500	500	500	500	500
107	108	109	110	112	113	114	115	116
115	115	115	115	115	115	115	115	115
20	20	20	20	20	120	20	20	20
143	131	121	175	217	187	187	131	131
40	40	40	40	40	40	40	40	40
74	74	74	74	74	74	74	74	74
42	42	42	42	42	42	42	32	32
23	23	23	23	23	23	23	23	23
564	554	545	600	643	714	615	550	551
－64	46	－45	－100	－143	－214	－115	－50	－51
828	874	830	730	587	373	258	208	157

17 万円、私立高校入学準備 30 万円・教育費 77 万円、私立大学入学時 48 万

実績年のお金の「入り」と「出」と「収支」、年末時点の貯蓄残高がスタートライン

1年間のお金の「入り」と「出」がどうなっていくか、その積み重ねの結果として15年後の貯蓄額が予測できます。予測にあたっては、すでに実績の出ている昨年を起点にし、各年のお金の「入り」と「出」を家計予測表（表11）に落とし込みます。その際、表10の大きなお金の出入りを反映させてください。表11の単位はすべて「万円」です（万円未満四捨五入）。

表11　15年間

経過年数	実績	1	2	3	4	5	6
西暦(年)	2012	2013	2014	2015	2016	2017	2018
佐藤誠(歳)	35	36	37	38	39	40	41
佐藤智子(歳)	35	36	37	38	39	40	41
佐藤美咲(歳)	9	10	11	12	13	14	15
佐藤隆(歳)	5	6	7	8	9	10	11
家族のイベント			長男小学校		長女中学校	車購入	
手取り収入	500	500	500	500	500	500	500
その他の収入						100	
収支合計(万円)	500	500	500	500	500	600	500
基本生活費	100	101	102	103	104	105	106
住宅関連費	115	115	115	115	115	115	115
自動車関連費	20	20	20	20	20	115	20
子ども関連費	56	56	55	45	63	53	53
レジャー費	40	40	40	40	40	40	40
夫婦小遣い	74	74	74	74	74	74	74
生命保険料	42	42	42	42	42	42	42
その他	23	24	23	23	23	23	23
支出合計(万円)	470	472	471	462	481	567	473
収　　支	30	28	29	38	19	33	27
貯蓄残高(万円)	720	748	777	814	833	866	892

＊小学校入学準備10万円・教育費9万円、中学校入学準備10万円・教育費
円・教育費83万円

実績年の縦の欄に入るのは、一年間の「収入」と「支出」「収支(収入－支出)」「貯蓄残高」といった項目です。

収入の内訳は、給与などの経常的収入と一時的収入です。経常的収入は年収から所得税・住民税・社会保険料を差し引いた手取り収入を記入します。45ページで計算した手順で、数字を算出してください。

確定申告をしている人は、「収入」の項目に手取り収入ではなく、税金や社会保険料を差し引く前の、必要経費を

差し引いた所得を入れ、「支出」の内訳に「所得税」「住民税」「消費税」「国民年金保険料」

「国民健康保険料」を設けてもよいでしょう。

支出の内訳は、58ページでわが家仕様に再構築した支出項目です。支出項目には大項目と小項目がありましたが、家計予測表に記入するのは大項目だけでかまいません。小項目ごとに年間支出を計算したうえで合計額を出し、その数字を家計予測表に記入します。

収支とは、収入から支出を差し引いた金額です。この金額がプラスになれば、1年間に稼いだお金より使ったお金のほうが少なく、貯蓄がその分増えたことになります。反対にマイナスになれば、1年間に稼いだお金よりも使ったお金のほうが多かった年です。手持ちの貯蓄を取り崩すため、前年より貯蓄残高が減ります。

貯蓄残高は、実績年の年末時点の数字を記入してください。1年間にお金が入ったり出たりして、収支がプラスになったりマイナスになったりした結果として、年末にいくらの貯蓄があったかということです。なお、保険や個人年金の解約金は「貯蓄残高」には入れません。保険料を毎年の支出として処理し、解約や満期などによって実際に手元にお金が入ったときに収入として処理するためです。

預貯金や株式、投資信託などの貯蓄残高を調べる際には、表12のような一覧表を作成してみてはどうでしょう。「A銀行」「郵便局」「B証券会社」など、金融機関ごとに整理す

表 12　貯蓄一覧表の作成

いつ使う予定？	目的	現在の金額				目標金額	目標時期	金融機関	商品名
		預貯金など	%	保険	%				
日常的に									
5 年以内									
10 年以内									
10 年以上先									
予定なし									
種類別小計			万円		万円				
金融資産合計					万円				

現時点での解約金を記入

保険の%欄は予定利率を記入

キャッシュフロー表の「貯蓄残高」には、この数字を記入

るのが一般的です。でも、ここでは「いつ使う予定の貯蓄か」という視点から整理してみてください。運用期間と利用している商品がマッチしているか、途中解約で元本割れする可能性の高いものに片寄っていないかなどを、あらためて確認してみてはどうでしょうか。

　貯蓄目的で加入している保険だけでなく、保障目的で加入している保険も、解約金がある場合はすべて記入してください。つい忘れがちになりますが、保険の解約金もわが

図 16　上昇率の計算

前年の金額×(1 ＋上昇率)→その年の金額

たとえば、前年の収入が 500 万円で上昇率を 1%として計算すると
1 年後：500 万円×(1 ＋ 0.01)＝ 505 万円
2 年後：505 万円×(1 ＋ 0.01)＝ 510 万 500 円
3 年後：510.05 万円×(1 ＋ 0.01)＝ 515 万 1505 円

＊表に転記するときは、万円未満を四捨五入する。

家の資産です。商品性や今後の経済情勢などから判断して、他の商品と比較して優位であるかどうかも再考してみましょう。保障目的の保険であれば、同様の保障を得るとすればもっと割安な商品が利用できないか、解約金をもっと有効活用できないかといったことを検討してみてもよいと思います。

15年間の収支と貯蓄残高の推移を予測する

スタートラインの数字が確定したら、これからの15年間を予測していきます。収入の予測は抑え目に、支出の予測はゆとりをもって入れていきましょう。表11では、手取り収入は増えないものとして「上昇率0％」で計算しました。

上昇率を掛ける場合は、図16のように計算します。年代や勤務先によって異なると思うので、現実に即した数字を入れてください。

機械的に上昇率を掛けるのではなく、年齢を考慮しながら、ご自身で予測した数字を入れてもかまいません。「保険の満期

金や年金などの収入予定」の項目に入れている数字を織り込むことを、忘れないようにしましょう。

たとえば、教育費は余裕をもって高めに設定するなど、支出は内容によって今後の上昇を見込んだ予測をしてみてください。表11では便宜上、基本生活費は年１％ずつ上昇するものとして計算しています。子どもの成長・独立などによる変化を見据えて、数字を適宜調整しながら入れていく方法をとってもかまいません。

15年間の収入と支出の予測数字を確定したら、各年の収支を計算します。収入と支出の各項目を右方向（将来）に予測していき、次に各年の収入合計と支出合計を計算し、収入合計から支出合計を差し引いた数字を収支欄に記入するのです。各年の収支が確定したら、実績年の貯蓄残高に利率を掛け、１年目の収支を足した（赤字であれば引いた）数字をその年の貯蓄残高の欄に記入しましょう。これを15回繰り返せば、15年後の貯蓄残高の予測数字が出ます。

住宅ローンなどの負債がある場合は、貯蓄残高の下に住宅ローンの年末時点での残高を記入していくと、貯蓄の増え方とともに残高の減り方がわかります。借り入れをしている金融機関から送られている「ローン償還予定表」を用意し、各年末の残債（借入金残高）をピックアップして記入しましょう。

金利が全期間固定であれば完済までの残債が記入できますが、変動金利や短期固定の場合、残債の推移がわかっている期間は、金融機関から送られている償還予定表までです。それ以降は金利しだいで残債の減り方、返済額が異なります。つまり、手元の償還予定表の最終の残債分に対して金利上昇の影響を受けることが確認できるわけです。

作成した家計予測表をながめながら、必要な時期に必要な金額が準備できているか、望みどおりの暮らしが実現しそうかを考えてみましょう。

ここでは15年間の予測をしましたが、先にも述べたように、無理に15年である必要はありません。15年どころか、来年のこともわからないという方もいらっしゃるでしょう。「とりあえず3年くらいの予測をしてみよう」といった軽いノリで取り組んでみてください。

8 目標を実現するための予算立てをする

現在のお金の使い方(お金行動)を続けていくと、15年後の貯蓄がいくらになっているかを予測しました。15年間には大きな出費もあるでしょう。必要なときに必要なお金は準備できそうですか?

目標とする貯蓄を確実に積み上げられそうだという方は、いまのままのお金行動を続けていっても問題はありません。ただし、見通しが甘くて予測どおりにいかない場合や、大きく想定を超えるような出来事があれば、再度家計予測表を点検して、作り直すことが必要になります。

なお、7の「15年間のお金の流れを予測してみる」を飛ばしてこの項に進んだ方は、使う目的がなくても、とりあえず1年間で目標とする貯蓄額を決めてから、お読みください。

目標貯蓄額から支出計画を立てる

何とかその都度の出費には対応できそうだけど、15年後の貯蓄はほとんど残っていないとか、貯蓄額が必要な金額にまで届かないといったことはないですか？
15年どころか、その前に貯蓄が底をつきそうだとか、綱渡りの家計で想定外の出来事が起こるとお手上げといったことはありませんか？

そのような方は、将来の貯蓄残高を引き上げるために、1年間でこれだけは貯蓄しようという金額（目標貯蓄額）を決めてください。そして、手取り収入から目標貯蓄額を差し引いて、1年間で使えるお金の総額（支出総額）を決めましょう（図17）。

図17　1年間の支出総額を決める

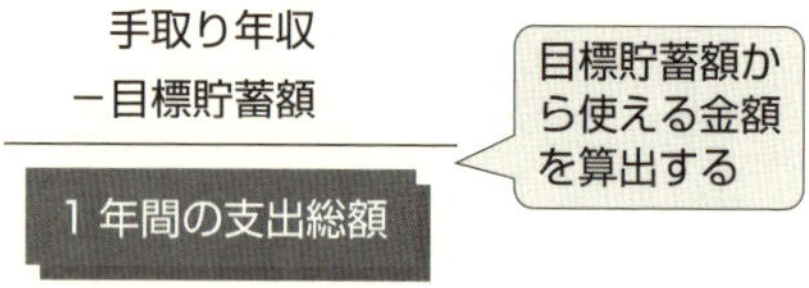

次に、支出総額の範囲内で支出項目ごとに予算を配分していきます。このときに使う支出項目は、わが家仕様に再構築したものです。すでに実績年のデータがありますから、それをもとに現実的な予算立てが行えると思います。

予算立てに際しては、予定外の出費に備えて「予備費」の項目を設けておきましょう。いくら計画を立てても、予期せぬ出費のために貯蓄ができなかったとか、がんばって計画的にやってきたのに想定外の大きな出費で燃え尽きるということもありがちです。予定外の出費は姿を変えながら毎年起こるものだという前提で、予算を立てることが大切です。

また、とくにキャッシュフロー上の問題はないし、大きな出費の予定もないので、貯蓄をしようという動機づけに乏しいという方がいらっしゃるかもしれません。でも、いつなんどきお金を使いたいことが起こるかわかりません。将来の自由度や選択肢の幅を広げるためにも、いままでより少しだけ「痛い」と思える金額を貯蓄にまわしてみてください。そして、1年間計画どおりに貯蓄ができれば、自分自身へのご褒美として、たとえば貯蓄額の1割を心おきなく使ってはどうでしょう。

ヤリクリできる支出とヤリクリできない（したくない）支出を区別する

立てた予算に基づいて、1年を通して家計運営を行います。その際、随時予算の遂行状況を確認し、あまりにも早い段階で予算枠を使い切ることのないように管理していかなくてはなりません。ただし、すべての項目をガチガチに管理する必要はありません。暮らしていくための基本生活費や、決まって出ていくお金、どうしても削りたくない支出と、その年によって使う金額にバラツキがあったり、イザとなれば使わなくてもすむ支出（調整可能な支出）とを、分けてみましょう（80ページ図18）。予備費は後者の支出に入れます。

前者のヤリクリできない（したくない）お金は、あまり気にせずに使ってかまいません。後者の支出は一応各項目の予算立てはしますが、調整可能な予算として暫定的な位置づけにしておきます。表13（81ページ）を使って、この調整可能な支出を月額管理していきまし

図18　支出の優先順位を決めよう

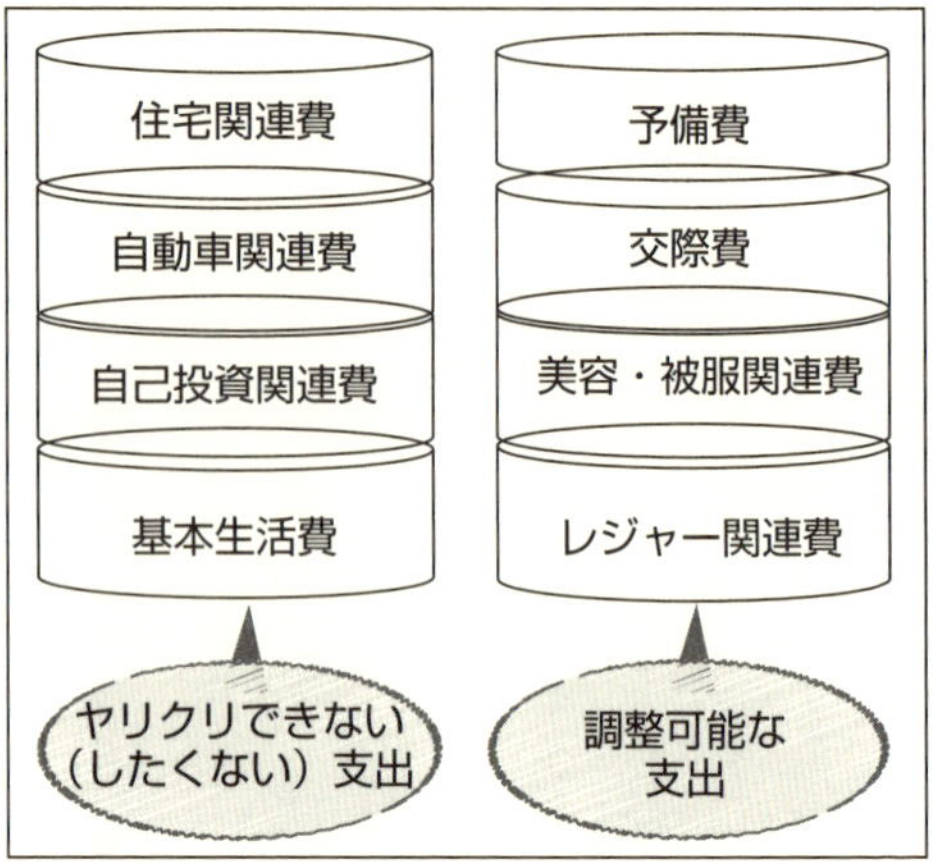

よう。予定外に支出が膨らむ項目があれば、他の支出の予算枠を削って対処し、それでも不足するようであれば予備費からもってきます。

優先的支出が予算枠を超えるようであれば、調整可能な支出のいずれかの予算から資金を調達します。何かの支出が出っ張れば何かを引っ込めるというように、あらかじめ決めた支出総額からは出ないような管理をしていきます。基本生活費であっても、食費や日用品費が月ごとにバラツキがあり、一定の範囲内に収めたいという場合、ヤリクリできる（する）支出に入れて管理していってもかまいません。

レジャー費や被服費など、ボーナス時にまとめて支出するものもあるかもしれません。そのような場合、表13の各支出項目の「使った金額」の上に、月ごとの目安の金額を入れる行を加えてもいいかもしれません。たとえば、1～6月は毎月5000円、ボーナス月の7月は5万円などです。

表13　調整可能な支出を全体で予算内に収める

支出項目		1月	2月	3月	4月
予備費 10万円	使った金額	0	0	0	0
	予算残	10	10	10	10
交際費 20万円	使った金額	2	1	3	2
	予算残	18	17	14	12
美容・被服関連費 30万円	使った金額	0	2	4	1
	予算残	30	28	24	23
レジャー関連費 20万円	使った金額	3	0	0	2
	予算残	17	17	17	15
全体予算 80万円	月次計	5	3	7	5
	予算残計	75	72	65	60

ヤリクリのご褒美に臨時ボーナス

予算管理は1カ月単位で行い、半年に一度、中間決算をします。予算消化のペースはどうかとか、下期の予算を見直したほうがよいかといったことを検討してみましょう。

少しずつ繰越金がたまっていけば、予定外の出費に対する許容度が大きくなります。反対に、前倒しで予算枠を使ったり他の支出の枠を流用していると、後半がどんどん苦しくなっていきます。

1年後に、予備費が手つかずで残っていたり、予備費以外にも予算を使い切らずに残したものがあれば、翌年の繰越金にしてもよいのですが、1年間がんばったご褒美として臨時ボーナスにしてもよいのではないでしょうか。すでに目標とする貯蓄は確保しているわけですから、心おきなく使ってください。

9 年間マネーカレンダーを作ってみる

1年間の家計運営がさらにスムーズにいく方法をご紹介します。

1年間を通してみると、「お金歳時記」とでも言える出費があります。1月はお年玉やお年賀、新年会、2月はバレンタインデー、3月はホワイトデーに送別会や餞別、4月は歓迎会や子どもの授業料納付、5月は連休、7月は暑気払い、8月は夏季休暇、10月は秋の行楽シーズン、12月はクリスマスに正月の準備。これら以外に、自動車保険や自動車税、固定資産税、ローンのボーナス払い、年1回の会費など、日常の出費以外に年1～数回出ていくお金もあるでしょう。

こうした出費に対して場当たり的に対応していたのでは、せっかく予算を立てても、なし崩しになりかねません。そこで、運転免許を取る際に教習所で教わった予測運転を、家計運営にも取り入れてみませんか。

車を運転するときは、子どもが飛び出してくるとか、前の車が急ブレーキを掛けるとか、さまざまなアクシデントを予測しながら、即座に対応できる準備をしておかなくてはなり

表14　マネーカレンダー

月	1月	2月	3月	4月	5月
日常費以外の支出予定(円)	お年玉	会費	送別会費	歓迎会費	連休関連
	3万	1万2000	3万	1万	2万

6月	7月	8月	9月	10月	11月	12月
自動車税	暑気払い	夏季休暇		自動車保険		クリスマス
5万	1万	2万		5万		3万
	ボーナス払い					ボーナス払い
	10万					10万

ませんね。家計運営も、予定外の出費や予算オーバーは多かれ少なかれ起こるものだという前提で行いましょう。

確実に発生する税金や保険料などの支出以外にも、どのタイミングで出費が膨らみそうかを予測したうえで運営していくと、心にゆとりが出てきます。予定外に出費が膨らむ場合も想定し、少しでも繰越金が出るように心がけることです。

表14のようなマネーカレンダーを作って、「先手を打つ予算管理」をしてはどうでしょう。1～12月の各月ごとのイベントとそれに伴う出費、ボーナス払いや年会費など年数回の出費をあらかじめ記入しておきます。すでに支出額が決まっているものもあるでしょうし、予想額を入れるものもあるでしょう。

住宅ローンのボーナス払いなど、金額が大きいものは別にして、多少の不定期の支出はボーナス頼みではなく、月々の収入の範囲でまかなえるようにしていくと、余力が高まります。将来、給与体系が変わったときにも対応可能な家計にしておくと安心です。

10 家族全員で予算と決算を共有する

できるところからやってみよう

第2章では、家計運営を事業経営のように、短期計画、中期計画、長期計画といった感覚で捉えていただくために、家計運営の収支の流れ（フロー）をつかむフルコースを示しました。あくまでフルコースですから、必ずしも最初から最後まで完璧にやらなくてはならないと考えなくてもけっこうです。

たとえば、1年間で使えるお金だけ計算してみるとか、毎年いくらずつ貯蓄ができそうかだけ確認してみるとか、わが家仕様の支出項目作りに挑戦してみるとか、興味をもった部分だけ実行してみるということでかまいません。フルコースをやりとげなくてはと思って手つかずのまま放置してしまうのではなく、これならできそうというところにしぼって挑戦してみてください。

毎月の赤字を気にして暗くなっていた方が、1年間を通じた収支をみると、赤字どころか毎年しっかり貯蓄ができていることがわかって安心したというケースもあります。赤字の真相は、自動積立の金額も含めた毎月の貯蓄額が過大だったためです。家計の大きな実態をつかまないまま、現実的ではない予算を実行しようとしたところに無理があったのでした。

検証を忘れない

年間で赤字が出ることに対して極端に罪悪感をもつ方もいらっしゃいますが、赤字の原因によっては織り込みずみという場合もあるはずです。たとえば、もともと大きな買い物や海外留学などの予定があり、そのために積立貯蓄をしていたという場合は、計画どおりですから気にする必要はありません。子どもの大学在学中なども同様です。教育費から解放される時期は必ずきます。長い目で家計の流れを見れば、そんなにあわてる必要はありません。

ただし、準備不足で貯蓄がなし崩しに少なくなっていくのは危険です。子どもが大学に通うころは、両親の介護が必要になる時期にさしかかったり、何かとモノ入りで予想外の出費が発生する年もときにはあります。そのような年も、できれば予想外の出費は予備費や、せめて目標貯蓄額の範囲にとどめておきたいものです。

計画どおりにいかなかった場合、1年が終わって決算をするとき、なぜ計画倒れに終わったかを必ず検証します。不可抗力で運の悪い1年だったのか、計画自体に無理があったのか、運営に問題があったのかを明らかにし、翌年の予算に活かしていきましょう。

家計運営は事業と同じです。たとえば、家族で年始に前年の決算を行い、新年度の予算会議を行ってみてはどうでしょう。もしかしたら、予算の分捕り合戦になるかもしれませんが……。

家族で取り組んだ結果、予定どおりの貯蓄ができ、予備費がそっくりそのまま浮いたときには、家族全員でちょっとぜいたくなイベントを計画してもいいですね。うまくニンジンをぶら下げながら、楽しく家計と取り組んでみてください。

第3章

保有する暮らしにサヨウナラ

1
「賃貸か保有か」の前に、自分らしい暮らし方を考える

条件しだいで大きく変わる

住まいに関しては、「賃貸がトクか保有がトクか」といった議論の立て方が目につきます。「家賃はもったいない」も、よく耳にする言葉です。しかし、賃貸と保有の損得計算は、ある一定の前提条件のもとで行うものですから、前提を変えれば結果はどのようにでも変えられます。

たとえば、賃貸の前提条件を家族構成の変化に応じて移り住む設定にするのか、単に住宅ローン返済額と家賃を同額にした比較を行うのか。貯蓄の利回りを何%に設定するか。住宅ローンの返済期間や金利を固定にするのか、変動にするのか。変動であれば、今後の金利動向をどう見るか。保有している不動産価格をどう評価するか。

このように条件設定を変えることによって、賃貸が有利になったり、保有が有利になったりします。

高度経済成長時代は多くの方が住宅を購入し、さほど苦もなく住宅ローンを返し終えま

した。当時の人口構成は若年層が厚く、日本経済は成長の波に乗り、給料が順調に上がっていった時代です。だから、ローン返済の負担感は減っていきました。

また、現在のように頭金ゼロで購入できるなどというルールはありません。少なくとも、頭金を２割は用意しなくてはなりませんでした。しかも、返済期間は20年が限度（１９７１年後半から72年前半にかけて、15年から20年に延長）。つまり、しっかり頭金を貯めてから住宅を購入し、リタイアを待たずに完済する方が多かったと思われます。さらに、地価が上昇していたため、途中で売却すると残ったローンは清算でき、場合によっては手元にプラスアルファが残る人もいたほどです。

もっとも低いとされる旧住宅金融公庫の基準金利が４～５・５％程度だった当時と比べて、いまの住宅ローン金利は２～３％程度に低くなっています。加えて、銀行間の競争で優遇金利を設けており、１％台も珍しくはありません。しかし、だからと言って購入しやすい環境かといえば、必ずしもそうではありません。

金利が低いということは、将来に対する期待が低いということ。つまり、景気がよくなる兆候が見えないのです。頭金なしで返済期間35年を組んで、35年間収入を得続けられる保証はありません。しかも、全額変動金利で借りる人も珍しくなく、今後金利が上昇したときには毎月の返済額アップがきつそうです。お父さんやお母さんの時代には常識だったことが、現在と将来の常識ではありえない。この現実をふまえて、時代認識を誤らない選択をしたいものです。

損得だけでは考えられない

住まいは、単純に金銭の損得だけで考えるものではありません。自分らしい暮らし方の一つの要素が「住まい」であり、「住まい方」なのではないでしょうか。

そもそも、人生は損得勘定ではなく、「自分の人生を生き切る」ことが目的のはず。そのためにはどのような住まい方がふさわしいかを考え、それを実現するためには保有と賃貸のどちらが合理的かを検討するという流れになるのが、本来のあり方です。

お気に入りの地域があって、そこにずっと住み続けたいと考えているのか、気軽に引っ越せることに魅力を感じるのか。収入が安定しているのか、不安定なのか。将来、転職や独立を考えているのか。自分や家族にまつわるさまざまな要素を洗い出し、住まいのあり方を考えてみましょう。

2 住んだ分だけコストを払う「賃貸」という暮らし方

変化に対応しやすい賃貸暮らし

賃貸にせよ保有にせよ、暮らしていくためにはどこかに住まいを確保しなくてはなりません。必ずコストは発生します。住宅ローンという形でコストをかけるのか、家賃という形でかけるのかの違いがあるだけです。

92ページの図19に、住宅ローンを30年間払い続けるケースと、住宅ローンとほぼ同額の家賃を払い続けるケースを示しました。損得を比較するためではなく、住宅ローンと家賃では生涯を通して住宅に対するお金のかけ方が異なることをイメージしていただくためです。このケースで言えば、賃貸の場合はトータルで１０００万円ほど家賃負担が少なくなりますが、ずっと賃貸暮らしを続けるのであれば負担は続きます。

現役時代に住宅ローンを払っていた人は、完済後の住居費は固定資産税、マンションの場合はプラス管理費・修繕積立金などのランニングコストと、ときおり修繕費がかかる程度で、住まいが確保できます。一方、賃貸の人はリタイア後も家賃を払い続けるか、手持

図19　賃貸と保有の違い(イメージ)

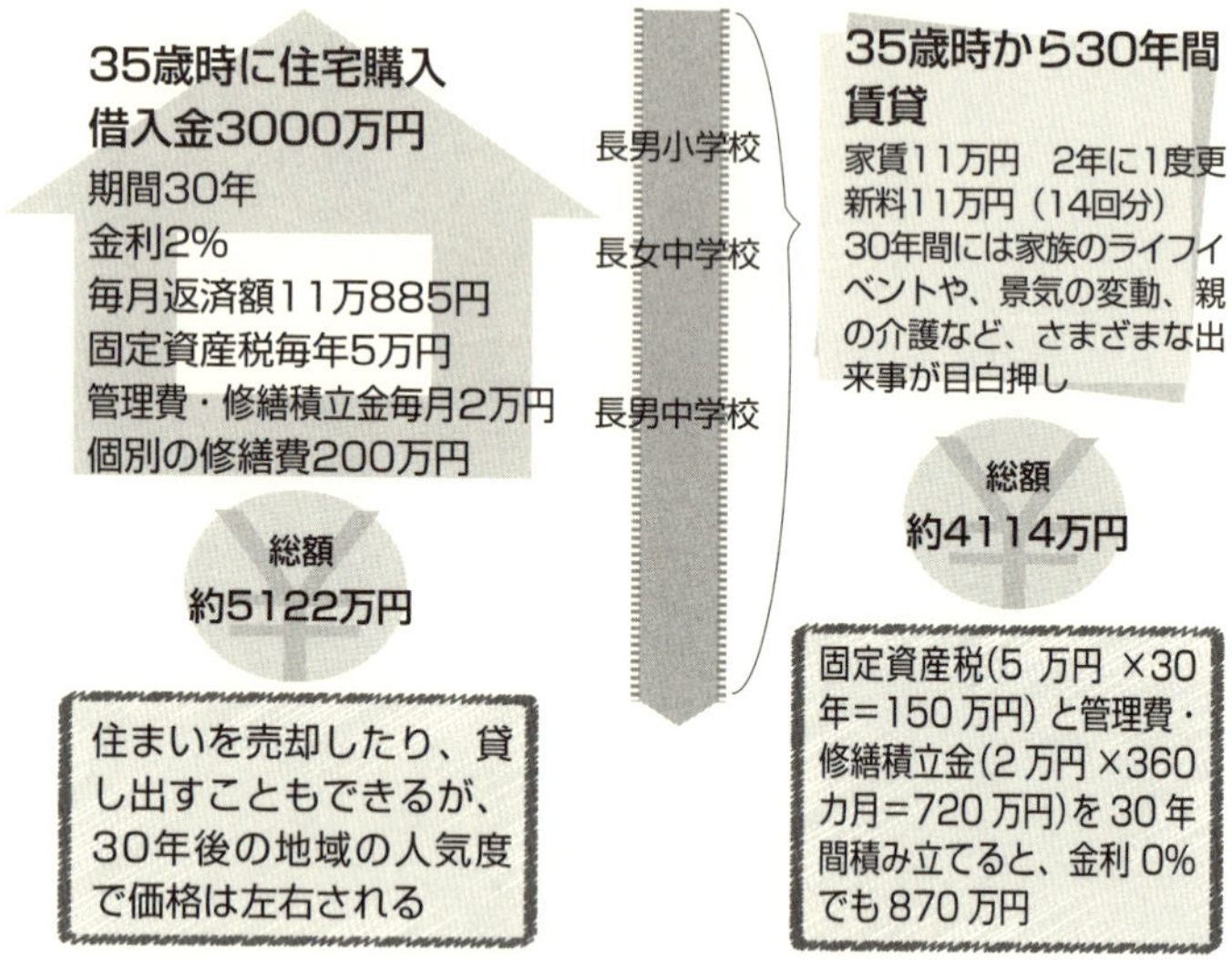

ちの貯蓄で住まいを確保するかを考えなくてはなりません。ただし、賃貸なら修繕は大家さん持ちですし、頭金も税金も利息も払わなくてすみます。その分、将来の住まいに備えて貯めておかなければなりません。

私自身は戸建ての賃貸住宅に16年間住んでいます。当初の家賃が16万8000円、その後景気が悪くなり、数回の値下げを経て、現在は13万5000円になりました。

16年も住んでいると、お風呂やキッチン、畳替えなど、何度もメンテナンスを行っていますが、すべて大家さん持ちなので気が楽です。3駅が利用できる利便性も気に入っています。隣が畑なので、夏は窓を開け放せば気持ちのよい風が通り抜け、まったくエアコンはいりません。光熱費が抑えられます。

何度か引っ越しも考えましたが、コストを含めた諸条件を比較して、住み続けるメリットのほうが大きいと判断して、いまに至っています。将来も賃貸暮らしを続けていくかどうかは、公的年金が支給される65歳が近づいてきたときに、今後の生活設計とともに検討するつもりです。

これはあくまでも私の個人的経験であり、すべての人にあてはまるわけではありません。ただし、賃貸暮らしの特徴として次のことは言えると思います。

①経済や社会の環境変化に対応しやすい。
②考え方の変化に対応しやすい。
③家族の状況の変化に対応しやすい。
④ライフスタイルの変化に対応しやすい。
⑤変化にともなってコストと住み心地を評価し、引っ越すか住み続けるかを検討できる。
⑥固定資産税、管理費・修繕積立金(マンションの場合)などの保有コストがかからない。
⑦経年劣化など、住人の過失によらない修繕費は大家さん持ち。
⑧住んだ分だけ家賃を払えばよい。

①～④の変化については賃貸だけの問題ではありませんが、保有と違って変化に合わせて住まいを変えることが容易です。

高齢世帯に広がる選択肢

高齢になったら家が借りられなくなると信じている人もいるようですが、高齢化が猛スピードで進む日本社会において、高齢者を無視するわけにはいきません。「高齢者の居住の安定確保に関する法律」が２００１年に制定されました。高齢者であることを理由に入居を拒否することのない賃貸住宅の登録制度が設けられたり、バリアフリーなどの良質な高齢者向け賃貸住宅を供給する業者に補助を行うなど、高齢者が賃貸住宅を借りやすくする取り組みは進んでいます。

また、人口減少にともなって住宅が余ってくるので、その活用策も進んでいくでしょう。郊外の広々とした家を求める子育て世帯と、広すぎる自宅を持て余す高齢者世帯を結びつける、「移住・住み替え支援機構」という団体もあります。ＵＲ都市機構（独立行政法人都市再生機構）の賃貸住宅のように、保証人、礼金、手数料、更新料不要で、質のよい住まいが借りられるなど、選択肢は広がっているのです。

3 それでも「家を買おう」と思ったら

買う前に8項目をチェック

検討の結果、「やはり家を買う」という結論に達したら、やっておくべきことは以下の８つです。

①頭金と諸経費を併せて、最低でも物件価格の３割は用意する。
②リタイア時に完済できるプランを立てる。
③購入後も貯蓄ができることを確認する。
④購入後も予定しているライフプランが実行できるかを確認する。
⑤土地の履歴など購入物件の質が確かなのかを確認する。
⑥地域特性が自分の暮らし方や好みに合っているかどうかを確認する。
⑦地域が将来どのように変化しそうかを行政などに確認する。
⑧予定外の事態が起きたときに軌道修正が図れるかを確認する。

表15　頭金なしで家を買ったときのバランスシート例

資　産		負債および純資産	
預貯金など	300万円	住宅ローン(負債合計)	3000万円
居住用不動産	2400万円		
自動車	100万円	純資産	▲200万円
資産合計	2800万円	負債・純資産合計	2800万円

なぜ物件価格の3割が必要か

家を買うときにかかる費用は、物件価格だけではありません。不動産取得税や印紙税、登記費用などの取得にかかる費用、保証料や融資手数料などのローンを組むためにかかる費用を忘れないようにしましょう。

また、新築の一戸建てを購入した方があわてるのが、水道引き込み費用や外構工事費です。物件価格には含まれておらず、別途用立てなくてはならないことが多いようです。それ以外にも、引っ越し費用や家具の買い替えなど、思いのほかお金がかかります。これらの費用を物件価格の1割程度は見込んでおいてください。

そして、頭金を少なくとも2割は用意しないと、購入後の家計が危うくなります。新築マンションを買った場合、たとえば3000万円の物件であっても、その価格には業者の利益や広告宣伝費が含まれるので、2400万円くらいに値下がりするからです。3000万円まるまるローンで購入すると、バランスシートがマイナスになる可能性があります（表15）。

もっとも、バランスシートがマイナスになっても、ちゃんとキャッシュフローがまわっていれば、問題はありません。時間をかけて少しずつローンを返済し、貯蓄を増やしていければ、リスクは表面化しないからです。

しかし、30年以上におよぶ返済期間中には、さまざまな予定外の事態が起きることが考えられます。収入減や家族の病気、親の介護、教育費が予定外に膨らむなど、時間やお金がとられる出来事には事欠きません。ローンが負担になって家を売ろうと思っても、ローン残高が売却金額よりも大きければ、差額を補填しないかぎり売却できません。人生の夢や目標をあきらめて、ひたすら住宅ローンのために会社にしばられるなんてことになると、人生を豊かにしてくれるはずの住まいが、住まいのための人生になってしまいます。

このような本末転倒を防ぐためにも、「家を購入する」と目標を定めたら、最低でも物件価格の3割は貯めることです。ただし、それで貯蓄が底をついたのでは綱渡り家計が続いてしまいます。購入後に予定外の出費があっても対応できるよう、200万〜300万円程度の貯蓄は手元に残るようにしてください。

購入のための助走期間をもつ

前述したランニングコストを織り込んだうえで、購入後の家計のシミュレーションもし

表16　住宅購入前と購入後の年間の住居関連費の違いを確認

購入前		購入後	
家賃	120万円	住宅ローン	120万円
更新料(2年に一回)	10万円	固定資産税	15万円
家財保険	2万円	修繕積立金	12万円
		管理費	12万円
		火災保険	8万円
合計	127万円(平均)	合計	167万円

てみましょう。56ページの「関連付け項目」(表6)を使って、購入前と購入後の住居関連費がどう変わるかを予測します(表16)。

「家賃並みの返済額でOK」などという宣伝文句に乗せられると、購入後まったく貯蓄ができなくなる可能性があります。また、それまで住んでいた家より広くなると、水道光熱費が膨らむ可能性があることも要注意です。第2章7で作成したキャッシュフロー表(表11)を使って、購入後をシミュレーションしてみてください。もし、貯蓄が増えなくなりそうなら、他のライフイベントを我慢するとか、妻が専業主婦であれば収入の可能性を考えるなど、解決方法を検討しなければなりません。

客観的に考えて住宅購入は厳しい状況だと判断すれば、いったん購入はあきらめて、購入後の支出と同様の家計運営をしてみてはどうでしょう。表16のように住居関連費が年間127万円なら、購入後に発生するプラス

40万円を積み立てます。そして、それ以外にも将来のための貯蓄ができるように、何年間かシミュレーションをするのです。こうして、物件価格の３割を手元に残す貯蓄が準備できれば、本格的に購入の検討に入るというように、助走期間をもつことをお勧めします。

高額の買い物だけに周到なリサーチを

ふだんはできるだけ安くて質のよいものを探して買い物しているにもかかわらず、数千万円という高額の買い物を衝動買いしてしまう方がいるのは不思議です。おそらく、「家は資産になる」という考えがどこかにあるからでしょう。しかし、どんな物件でも資産になるわけではありません。

たとえば、地盤のしっかりしていない土地は地震で液状化してしまうかもしれません。東日本大震災のときには、浦安市（千葉県）や久喜《くき》市（埼玉県）などで液状化による被害が深刻でした。また、次々に新しいマンションが建っている地域の場合は、手に入れた物件がどんどん見劣りしていく可能性があります。住み続けるのであれば問題は表面化しませんが、何らかの事情で売りたいとなったとき、値崩れしているかもしれません。

そうなると、前述のバランスシートの悪化につながります。買おうとしている物件そのものの質と、土地、地域の開発計画などを事前に確かめておきましょう。

たとえば、しっかりしたコミュニティがあり、新たなマンション開発が規制されていて、買い物にも便利な地域は、中古マンションがあまり値下がりしない傾向にあります。貸し出すにしても、よい値段で借り手がすぐに見つかります。新築だけではなく、このような優良中古物件を選択肢として考えるのもよいのではないでしょうか。

途中売却の可能性を考えて、条件が不利にならないような住まいを選べば、仮にずっと住み続けることになった場合にも、快適に暮らせます。どっちに転んでも、結果はハッピーです。

住宅ローンを組んで住まいを購入するというのは、大きなリスクをかかえることを意味します。できるだけそのリスクを抑えるために、借入額を小さく、返済期間を短く、少なくともリタイア時には完済する計画を立ててください。退職金で残ったローンを払うという方もいますが、数十年先に退職金が支払われるかどうかは、わかりません。

また、購入後にお金を貯めて、借入金の一部を繰り上げて返済するという考えもありますが、繰り上げ返済以外にお金のかかることは山ほどあります。思ったとおりに繰り上げ返済できないのが現実です。それまで貯められなかった人が、住宅購入後は繰り上げ返済の資金もその他の貯蓄もできるようには、普通はなりません。助走期間を設けて、しっかり貯蓄を増やしてください。

4

「自家用車を持つのが当たり前」を疑う

ホントに必要ですか?

「子どもが生まれたら、お出かけに車は必須」
「リースを利用して、５年ごとに新車買い替えが合理的」
「夫を駅まで送り迎えするので車は必要」
「郊外のショッピングセンターに買い物に行くのに自転車は無理」

自家用車のある生活は、たしかに便利です。でも、その保有コストは家計の圧迫要因になります。「最後に車を利用したのはいつだっけ？」と、思い出すのに苦労するくらいしか利用していないのに、リース料金や駐車場代などで年間１００万円近い支出をしていた事例もあります。極端だと思われるかもしれませんが、駐車場料金の高い都市部では、こうした家庭が少なくありません。

車そのものが生きがい、趣味という方はともかく、利便性のために車を持っている方は、車のない生活をシミュレーションしてみてください。たとえば、公共交通機関は利用でき

表17　車を保有した場合と他の手段に置き換えた場合の年間コスト比較

保有する		保有しない
自動車ローン（リース）	50万円	レンタカー
自動車税	6万円	タクシー
自動車保険	5万円	公共交通機関
ガソリン	7万円	カーシェアリング
駐車場	30万円	火災保険
合　計	98万円	合　計

現金で購入の場合、1年あたりの車両価格を考えてみる

利用スタイルを変えるとどれくらい減らせる？

ないのか、タクシーやレンタカー、カーシェアリング*の利用は不可能なのか……。

＊カーシェアリング——登録している会員間で自動車を共同使用するサービス。一般に、レンタカーよりも短時間の使用を想定している。

目的は保有？　利用？

1年間にかかっている自動車関連費用の総額と、自家用車以外の手段に置き換えたときの費用の差をみてみましょう（表17）。

幼い子どもを保育園に預けながら、忙しく働いている知人がいます。雨が激しい日や買い物がたくさんある日、子どもが突然熱を出した日など、彼女は躊躇《ちゅうちょ》なくタクシーを利用しています。運転手さんはすっ

かり顔なじみなので、荷物を運んでくれたり、買い物をしている間、子どもの面倒を見てくれたりするそうです。

ママ仲間には「タクシーを利用するなんてお金持ちね」と言われるけれど、「車の購入費やランニングコストを考えると、タクシー代なんて安いもの」と笑い飛ばしています。買い物先で駐車場待ちをする必要もないし、駐車禁止の切符を切られる心配もありません。もちろん、交通事故の加害者になる心配もなく、とってもゴキゲンだと言います。

住んでいる地域によっては、自家用車がないと生活が成り立たないところもあるでしょう。ふんだんに土地がある地方では駐車場代がかからないため、家族全員が一台ずつ車を保有しているという話もよく聞きます。たしかに車は必要だとしても、保有の仕方は見直す余地はあるかもしれません。

これまでの「当たり前」を疑ってみませんか？　家族の行動パターンをシミュレーションし、本当に一人一台必要なのか考えてみましょう。車のグレードを下げたり中古車にするなど、検討できることはたくさんあるように思います。

〈インタビュー〉上手なお金との向き合い方

生活研究家で消費生活アドバイザーでもある阿部絢子《あやこ》さん（1945年生まれ）は、消費して多くのモノを持つことが豊かさだという考えとは対極の、環境に配慮し、最後までどう使い切るかを見据えたモノ選びなど、風通しのよいシンプルな暮らしを長年にわたり提唱してきました。『やさしくて小さな暮らし』を自分でつくる』や『始末な暮らし』などの著書は、広く読まれています。暮らしの達人である阿部さんが「お金」とどのように向き合っているのか、レクチャーをしていただきました。

選択して決断する

いつも前向きで颯爽《さっそう》と生きているようなイメージの阿部さんですが、新聞や雑誌の連載が同時期に終了したとき、「これから先、暮らせるだろうか」と怯えのようなものを感じたそうです。

——会社勤めであれば、そろそろリタイアが目前に迫ってくる時期ですね。どうやって不安の解消をしたのでしょうか？

阿部　真夏にエアコンもない禅寺で6日間の座禅修行してみて、これまでの生き方にしがみつかなければやっていけると思えるようになりました。不安の正体は、自分の頭の中で勝手に想像してつくったものだということがわかったの。

——おひとりさま歴の長い阿部さんですが、お金管理で気をつけていることは何ですか？

阿部　社会状況をつかみ、情報に振り回されないこと、自分の考えをしっかりもつこと。世の中の先行きがあまりよくないなと感じたら、自分なりの節約をし、臨機応変に生活を変えられる柔軟性をもつことでしょうね。

——私も阿部さんと同じ自営業です。毎月決まった給与収入があるわけではないだけに、イザとなれば自分の意志で縮小できる暮らし方を心がけるようにはしています。

阿部　たとえ給与所得者であっても、昔と違って一生安泰とはいかない世の中よね。社会の状況によって生活は変えていかなくちゃいけない。他人頼みではなく、自分の判断でできることを積み重ねていくことが大切です。

——判断することって、むずかしくないですか？

阿部　日常生活で訓練していないと、「選択して決断する」ことって、なかなかできないものなのよね。何にお金を使って何に使わないかを選択し、決断を積み重ねていると、将来を見据えて何にお金を使ったらいいのかが、だんだんわかってくるようになるわよ。

単なる消費ではなく、メリハリのある使い方をしたい

――ちなみに、阿部さんは何にお金を使いたいと思っているのですか？

阿部　ふだんは節約生活の私も、海外ホームステイや海外ボランティアには思い切ってお金を使います。２００９年はノルウェーとデンマーク、10年はアメリカに行きました。できれば年一回は行きたいので、そのつもりで予算を立てているし、英会話の勉強も続けています。

――ずいぶんメリハリのあるお金の使い方ですね。

阿部　ときどき、「浪費は美徳」と刷り込まれたベルトコンベアーに乗せられている気になることがあるわね。派手な広告に煽られて、倹約なんてみみっちくて悲しいと感じることもあるけれど、そんなときはいつもチャップリンの『モダンタイムス』を思い出すの。

――「人生に必要なもの。それは勇気と想像力、そして、少しのお金」っていうアレですね。

阿部　消費者はコマーシャルで何度も紹介されると、つい買わなくてはいけない気になってしまうものよね。「自分はお金をどう使いたいのか」を繰り返し考えていないと、べ

ルトコンベアーに抗《あらが》うのはむずかしいでしょ。

――阿部さんは消費生活アドバイザーという肩書ですが、「消費」という言葉をどうとらえますか？

阿部　「費やして消える」と書くので、使い捨てのような感覚がありますね。実際には、消費したものに不具合が起こったときの対応が私の仕事なのだけれど、消費する前の段階でアドバイスできればいいのにと思うこともよくあるわ。

――海外にホームステイをされて、日本との違いを感じるのはどんなところですか？

阿部　ヨーロッパでは、ふだんの暮らしはとてもつつましい。たとえば、冷蔵庫の中身から料理の仕方まで、ごみを出さずに最後まで使い切るなど、環境問題に対してはとても熱心です。単純にモノを消費するだけではない暮らしがあることをぜひ知ってもらいたいと思います。消費するだけでは幸せになれないのよね。

外に出て自分を鍛える

――65歳になって新しいチャレンジを始めたとか？

阿部　65歳になって年金額の通知を見て、愕然としたのよ。月々8万円じゃ暮らせないって。イザというときのために、できるだけ蓄えには手をつけたくないじゃない。「さてどうしよう」と考えて、薬剤師の資格を活かそうと思ったの。それで、新聞の求人広告で見つけた薬局にアルバイトの面接に行った。60歳過ぎてるからダメかと思ったけど、「すぐ来てくれ」と言われて、週2回約5時間ずつ働き始めたのよ。

――阿部さんは薬剤師さんでもあるんですね。それにしても、テレビや雑誌で活躍されている阿部さんがアルバイトですか？

阿部　これまでとまったく違う業界だし、薬の最新情報もわからないでしょ。若いアルバイトさんと一緒に重い段ボールを運んで、陳列棚に並べたり、イベント準備や値札付けなどもしなくちゃならない。コンピュータレジも最初はうまく使いこなせなくって、私のレジはすぐに列ができてしまって、オロオロなんてもんじゃなかったのよ。

――私から見れば「功成り名をとげた阿部さんがなぜ？」なんて思ってしまうんですが。

阿部　割り切っているつもりでも、最初はけっこうプライドが傷ついたりしたと思うの。でも、上司や先輩にわからないことを尋ねたりしながら、なんとかやっていける自信がついてくると、やっぱりうれしいのよね。いまどきの薬局で一度働いた経験があれば、他の店でもやっていけるだろうし。

――たしかに、動かずに不安の数を数えていても展望は開けないですよね。節約には限界があり、少しずつでも収入があるのとないのとでは、長期で見ると大きな違いになります。何よりも、体を動かすことで前向きになれますよね。

阿部　やっぱり現場が一番。資格を持っているだけじゃ力はついていかない。仕事をしながら日々知識を増やしていけるのが、励みになるわね。「いまさら」とか「なんで私が」とか「ここまでしなくても」なんて思わないで、外に出て自分を鍛えていくこと。当たって砕けても、そのときはそのとき。また仕切り直せばいいのよ。

――おみごとです。お話をお聞きしながら、私も勇気が出てきたような気がします。ありがとうございました。

阿部さんは「風通しのよいシンプルな暮らし」を提唱なさっています。それは「風通しのよいすっきりした人生観」に立脚したものだということが、よく理解できました。不安や怯えは誰にでもあるものです。そこから逃げるのではなく、それらを直視し、実体を見定めたうえで、いま自分にできることを確実に積み重ねていく大切さを教えられました。

第4章

やらされる「投資」にサヨウナラ

1 「暮らしのお金」のプロはあなた自身

「いまは何に投資するのが得ですか」という質問をよく受けます。多くはプライベートな場面で、私がファイナンシャル・プランナーをしているとわかったときです。お得な情報があって、お金のプロはそれを知っているにちがいないと思うのかもしれません。

でも、こうした質問はとても悩ましく、答えに窮して立ち尽くしてしまいます。投資と一口に言っても、商品はさまざま、リスク度もさまざまです。その方の投資経験や性格、現在の貯蓄総額、毎年どのくらい貯蓄が増えているのか、これからどのような生活設計を描いているのかといった個々の事情によっても、商品の選択肢は変わってきます。人によっては、「投資はしない」という選択肢もあり得ます。

ところが、いまは官民あげて「貯蓄から投資へ」の大合唱です。

「預貯金のままじゃ、資産を守れませんよ」
「国や企業が面倒を見てくれる時代ではありません」
「リスクをとって（負って）運用をしなければ、老後の生活は守れません」

「これからの時代、投資は必須アイテムです」

預貯金は元本も利息も保証されます。一方、投資信託や株式にはあらかじめ約束された利息がつくわけではありません。大きく値下がりすることもあります。商品性の違うものを比べても意味はありません。ところが、銀行でも郵便局でも投資信託を売るようになり、日常的にリスクのある商品を勧められる機会が増えました。

誰しも将来に対する不安はあります。しかも、収入はなかなか増えず、預金金利はスズメの涙。将来に備えて「投資でもしてみようか」という気持ちになるのは、当然のなりゆきかもしれません。こわごわ銀行などの窓口で説明を聞いたり、投資に関する雑誌や本を読んでみると、「短期では上がったり下がったりするものの、長期で見るとリスクは減らせます」とか「投資は長期スタンスで」といった言葉が踊っています。そこで、「しばらく使う予定のないお金だから」とか「勉強のために」と言って、満期になった虎の子をつぎ込んだりする方が多いようです。

第４章は、投資を勧めるものでも脅かすものでもありません。世間で流布される「投資の常識」の実体を見極めようとするものです。私たちのお金は「暮らしのお金」です。「暮らしのお金」としての特徴をふまえて、生活者として投資とどう向き合うのか、一人ひとりが自分なりの答えを見つける手助けとなればと思います。

2 長期投資でリスクが減るってホント？

ブレが小さくなるだけ

投資商品の説明でお約束のように出てくる「長期投資」。長期投資で本当にリスクは減らせるのでしょうか。

図20は1985年から25年間の日経平均株価*終値の推移です。10年経とうが20年経とうが、投資した時期によっては元本割れが続くことも珍しくありません。たとえば、この図の25年間のどの年に投資をしても、2011年12月末の8440円では損が出ています。1985年末の1万3113円で買って、2011年末まで26年間保有し続けた場合、4673円の大幅下落です。2002年末の8579円で購入した人も、9年間保有してほとんど収益はありません。

そもそも、「長期投資」の長期って何年のことでしょう。実は決まった定義があるわけではなく、人それぞれ「長期」で思い浮かべる年数は異なります。

また、「リスク」といえば元本割れすることだと思いがちです。しかし、投資において

図 20　日経平均株価終値の推移

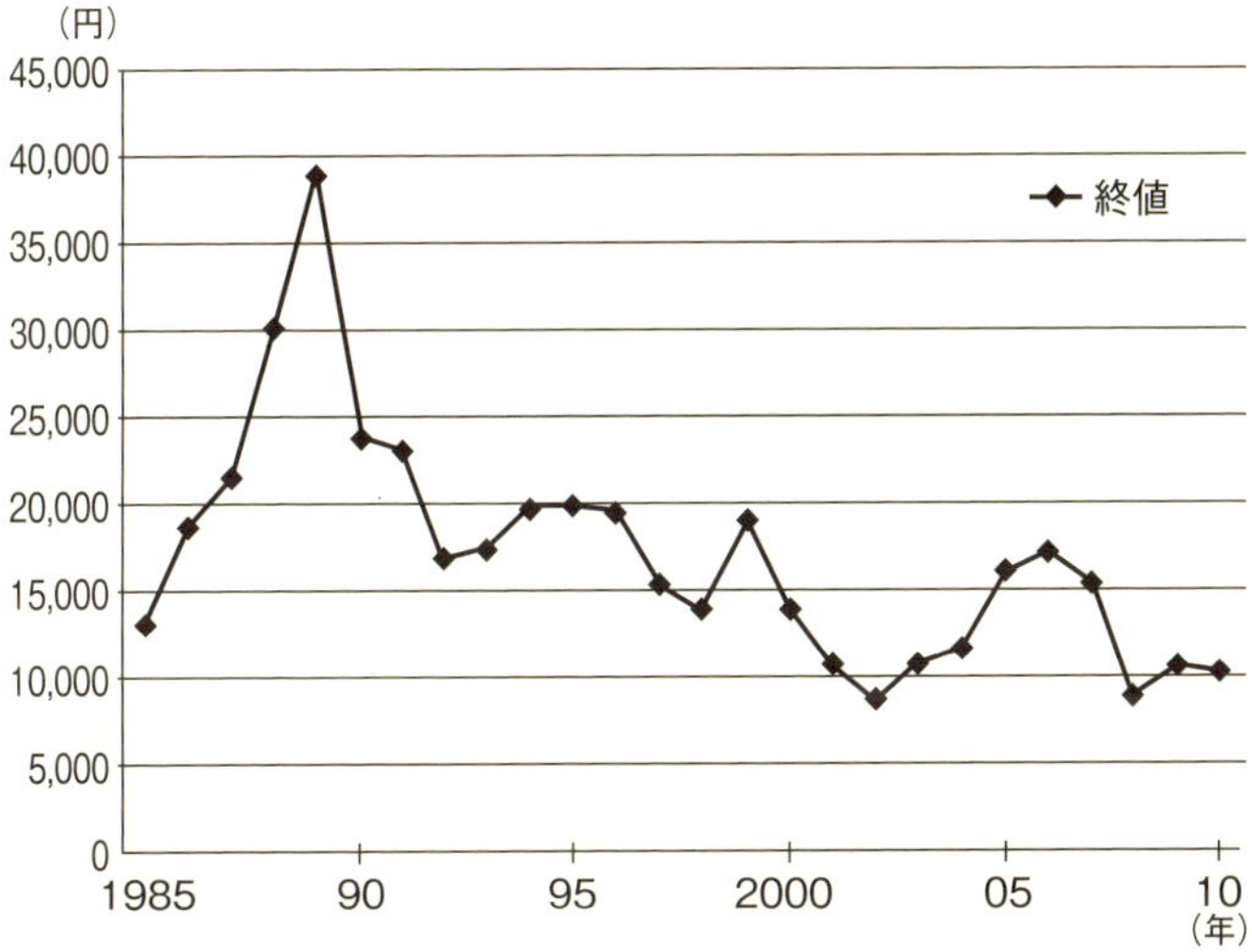

図 21　長期投資でリスクが減るとは

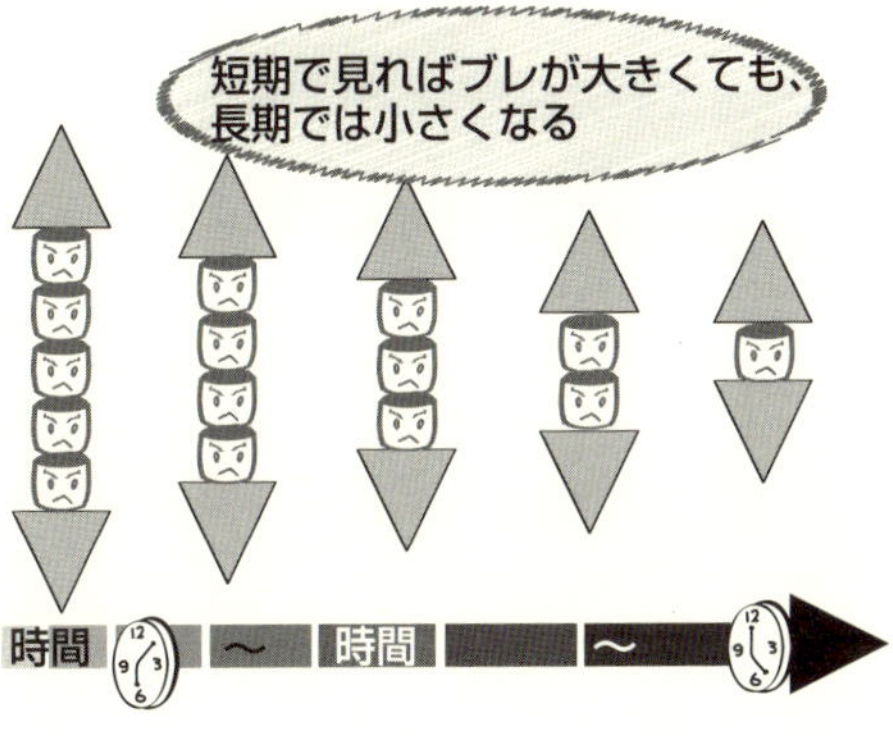

は、値動きの激しいことをリスクと捉えます。収益率が一定ではなく、大きくブレるほどリスクが高いと考えるのです。つまり、予想外の下落だけではなく、予想外に大きく収益が上がることもリスクと捉えます。「長期投資でリスクが減る」とは、短期ではブレが大きいけれど、長期ではブレが小さくなるという意味で使っているのです。

長期になるほど、年率に換算したブレが小さくなるのは当然のこと(図21)。決して、長期間ガマンをして持っていれば必ず報われるという話ではありません。

＊日経平均株価——東京証券取引所第1部(東証1部)に上場している約1700社から選ばれた225社の株価の平均。日本を代表する株価指数。

売るときをイメージして買う

株式や株式で運用する投資信託など価格が上がったり下がったりするものは、「長期投資」神話を信じてぼんやり買ってぼんやり持ちっぱなしではいけません。割安な水準で買って割高になれば、売ることに尽きます。

そもそも、何のためにリスクをとって値動きのある商品を買うのでしょうか。預貯金では得られないリターンを得るためですよね。では、その得たいリターンは年何％ですか？人それぞれの基準があると思いますが、私は株式においては2割や3割の下落が珍しくない以上、3割以上の上昇が見込めなければ、投資する意味はないと考えています。逆に、そこまでの利益は期待しないというのであれば、もっとリスクの低い投資対象を検討したほうがよいでしょう。

相場は上がるときばかりではありません。何年も低迷が続くときもあるでしょう。短期売買で利ザヤを得る投資スタイルをめざすわけではないので、納得するところまで上がれば売り、儲けが出そうもないとき、あるいは今後の値動きが予測できないときは「しばらく投資から離れよう」と判断することもあります。安くなったときに買っておいて、いずれ高くなるのを待つというスタイルでゆったりかまえておけば、株価が低迷して利益が出ない期間を含めても、平均すると年8～10％くらいの収益になるというイメージです。

安定した商品を選ぶのもよい

「そんなに高いリターンを得たいわけではない」と考えるのであれば、わざわざ大幅に下落するリスクをとる必要はありません。ところが、めざすリターンを明確にもたないまま、リスクの高い商品を買ってしまう人がとても多いのが現実です。

たとえば、新興国株式*で運用する投資信託を持っている方に「どのくらいのリターンを期待しますか」と尋ねても、しばらく考え込み、「預貯金よりも高い金利が得られれば……。年2%くらいでしょうか」とお答えになったりします。2%であれば、上がり下がりの激しい新興国株ではなく、もっと安定した商品を選択してはどうでしょうか。138~141ページで取り上げる外貨投資もその一つです。

また、貯蓄の一部で高収益を狙う前に、安全性を保ったまま貯蓄全体の利回りを上げる工夫も大切。同じ定期預金でもネット専業銀行を利用すれば、大手都市銀行の一年定期預金の金利が0・025%に対して0・126%（ソニー銀行の例）というはるかに高い金利が得られます（いずれも2012年5月時点）。

ネット専業銀行というのは、銀行サービスのほぼすべてをすべてオンライン（インターネット）上で完結させる銀行のことです。基本的に預金者向けの店舗は持たず、インターネット上やコンビニのATM（現金自動預け払い機）などを通じて入出金サービスや決済などを提供しています。

定期預金だけでなく、購入から1年たてば元本割れをしない個人向け国債や、いつでも市場で売買できる新窓販国債**も、期間の決まった預け先として選択肢となります。国債とは国が発行する債券***です。1年、2年、5年など、預けたい期間が決まれば、定期預金と国債を比べて、相対的に高い金利のほうを選ぶようにしてはどうでしょう。

＊新興国株式——政治、経済、軍事などの分野において急速な発展を遂げつつある国の株式。

＊＊新窓販国債――個人に限定せず、広く民間金融機関で購入できる利付国債。

＊＊＊債券――国、地方自治体、企業（外国も含む）が資金を調達することを目的として発行する。あらかじめ利率や満期日などが決められていて、定期的に利率分の利子を受け取ることができ、満期日には額面金額である償還金を受け取れる。

売り買いのタイミングが適切かどうか判断できることが前提

話を元に戻しましょう。割高で買ってしまうと、めざすリターンを得るのは困難です。めざすリターンの具体的なイメージは、「売るとき」を考えることにつながります。逆に言えば、いまの水準で買って3割以上の儲けが得られるかを考えて、現在が買いのタイミングとして適切かどうかを判断するのです。割安の時期に買っておけば、しばらく株価低迷の時期があったとしても、株式市場全体に活気が出てくると2割や3割は簡単に上がってきます。

「自分だったら、こんな割高な水準では買いたくない」と思う価格になってきたころ、「そろそろだな」と売るタイミングを考え始めます。もし買って1年後に3割上がったら、1年で30％のリターンです。データの取り方によっても異なりますが、日本株式の期待リターンは年8％程度と言われます。30％であれば3～4年分の利益は出ているのですから、現金化して確実に利息を生む預貯金や債券に移し、その後の割安の時期に備えるのもよいでしょう。

30%はあくまで一例です。持っている銘柄によっては、もっと上がると確信する場合もあるでしょう。何らかの事情で極端に割安になっている銘柄を買えたのであれば、4割や5割、もしくはそれ以上に値上がりが見込めることもあります。ケースバイケースで判断してください。ただし、一寸先は闇。何が起こるかわからないということも念頭においておきましょう。

値動きのある商品を購入する際には、その商品が割安か割高か判断できることが大前提です。お気に入りのバッグや洋服、パソコンなど、あなたが興味をもっているものを思い浮かべてください。「とてもよい商品だし、欲しいけれどちょっと高いな」と感じることはありませんか。「バーゲンセールで1万円になれば買おう」と思って待つかもしれないし、「高いけれど、それだけの価値がある」と、待たずに買う決心をするかもしれません。投資でもその納得感が大事です。

長期に投資を続けるにも利益確定が大事

いつ上がるか、どこまで上がるか、いつ下がるか、どこまで下がるかは、わかりません。

しかし、上がったら必ず下がる、下がったら必ず上がることだけは、わかっています。それならば、上がったときに売っておかなくては、リスクをとって投資をする意味がありません。

いずれ下がるとわかっていながら、長期投資だからと言って持ち続けていれば、せっかくの利益は絵に画いた餅になってしまいます。もちろん、ピークで売るのは至難の業。売った後にも上がり続けるかもしれませんが、「自分のドラマはもう終わった」と割り切ることも、長く投資をする秘訣です。

上がるのか下がるのか、相場の方向感がつかめないこともあります。私たちは運用を仕事にしているわけではありません。勝つ自信がないときは、しばらく様子見をしていてもよいのです。長期で投資を続けるためには、自信のないときに投資から距離をおくことも必要です。割安だと確信がもてるときに参加し、割高になったときに売って利益を確実に手に入れ、次の買いどきに備えてしばらく休ませておきましょう。利益確定をしておかないと、本来なら絶好の買い場（つまり相場が下がっているとき）のはずが、「あのとき売っていれば」という後悔と損をかかえた「傷心のとき」になってしまいます。

株式のように値動きが激しいものに投資するには、知識だけではなく、性格の向き不向きがあるかもしれません。どんなに市場を分析し、どんなに考え抜いても、突然の大災害

図22　投資の心得5カ条

①わかっていることは、「上がったり下がったりすること」だけ
②「売る」ときのイメージをもって買う
③たまたまお金があるときが買いどきとは限らない
④使いたいときが売りどきとは限らない
⑤予測不能な暴落に際しては、距離をおいて眺める心の余裕をもつ

相場は「私」の事情に合わせてくれない

や金融危機などで前提が大きく狂うこともあるでしょう。

「そんなときもあるさ」と腹をくくり、冷静に仕切り直しができる、割り切りと覚悟が必要です。最初からそうした達観した境地には立てないまでも、経験を積むことにより、少しでも近づくことはできます。

図22の投資の心得5カ条を心に刻み、リスクをとる覚悟をしたのであれば、そのリスクを大いに楽しみましょう。楽しむためには、投資が生活基盤を危うくするものであってはいけません。まずはわが家の家計と相談です。

積立投資もメンテナンスが必要

値動きのある商品を購入する際には、一度にまとまったお金を投じるのではなく、何回かに分けて購入していくと、高値のときにまとまった金額を投じてしまうことを防止できます。また、5000円や1万円といった小口の資金で、積立感覚で毎月購入する方法もあります。小口で始められるので、投資へのハードルが低く、現役世代の方が将来に備えて資産形成をする際に便利です。

ただし、結果的に買い付けた商品が上がらなければ意味がありません。積み立てしようとしている商品そのものの良し悪しの見極めと、積み立てを始めるのに適切な時期かどうかの判断が必要です。積み立てを始めようと思いたった時期が割安とは限りません。これまで述べてきたように、相場は個人の都合に合わせてくれません。

また、そろそろ割高になってきたと思ったら、積み立てをやめて現金化する時期を探り始める必要があります。安いときにたくさん買った資産が花開く機会を逃さないようにしましょう。

その商品に愛着があれば、また低くなったときに積み立てを再開すればよいのです。使うときのために積み立てていることを忘れないでください。

また、口座からの引き落としで毎月積み立てていくと、知らず知らずにまとまった金額になっていきます。そこが積立貯蓄の強みなのですが、投資商品の場合、資産の総額に対して特定のリスクの割合が高くなる危険性があります。ときどき資産全体のバランスを確認して、大きくなりすぎているようであれば、積み立てのストップも考えましょう。

（キャッシュフロー表）

7	8	9	10	11	12	13	14	15
42	43	44	45	46	47	48	49	50
42	43	44	45	46	47	48	49	50
16	17	18	19	20	21	22	23	24
12	13	14	15	16	17	18	19	20
長女高校	長男中学校		長女大学	長男高校	車購入		長男大学	
500	600	500	500	500	500	500	500	500
564	554	545	600	643	714	615	550	551
－64	46	－45	－100	－143	－214	－115	－50	－51
828	874	830	730	587	373	258	208	157

3 「わが家のリズム」で考える

再び佐藤家の家計

投資と家計は無縁のように感じますが、巨額の資金を運用する機関投資家ではない私たちが投資するお金は「暮らしのお金」です。第2章で取り組んだ家計管理を基本にすえて考えなくてはなりません。

まず、毎年きちんと貯蓄を増やしていけるのか、いつ大きなお金が必要になるのか、今後の収入はどうなっていきそうかなど、わが家の経済体力を知っておきましょう。そのうえで、どのくらいのお金なら投資にまわせるのか、予定外に出費が膨らんでも支障はないのかといったことを確認

表 18　家計予測表

経過年数	現在	1	2	3	4	5	6
誠（歳）	35	36	37	38	39	40	41
智子（歳）	35	36	37	38	39	40	41
美咲（歳）	9	10	11	12	13	14	15
隆（歳）	5	6	7	8	9	10	11
家族のイベント			長男小学校		長女中学校	車購入	
収入合計（万円）	500	500	500	500	500	600	500
支出合計（万円）	470	472	471	462	481	567	473
収支（万円）	30	28	29	38	19	33	27
貯蓄残高（万円）	720	748	777	814	833	866	892

（＊）貯蓄残高は運用率0%として計算している。

しつつ、方針を決めていきます。

第2章7で作成した家計予測表をここでも活用します（表18）。佐藤家は現在720万円の貯蓄がありますが、これからの15年間を予測すると、貯蓄は6年後をピークにだんだん取り崩しが始まりそうです。残高に注目すると、10年後までは700万円台が、14年後までは200万円台が手つかずの貯蓄となります。この部分が投資にまわせるお金の出所です。ただし、使う年にうまく相場が上がって売り時が来るとは限りません。使う年が近づいてきたら少しずつ売り始め、使う年を満期に設定した定期預金や債券など安定的な資産に振り替えておきましょう。

思いどおりにいかないのが人生

ところが、現実は予測どおりにいかないことだ

図23　結婚後24年間の運用率ごとの貯蓄残高シミュレーション

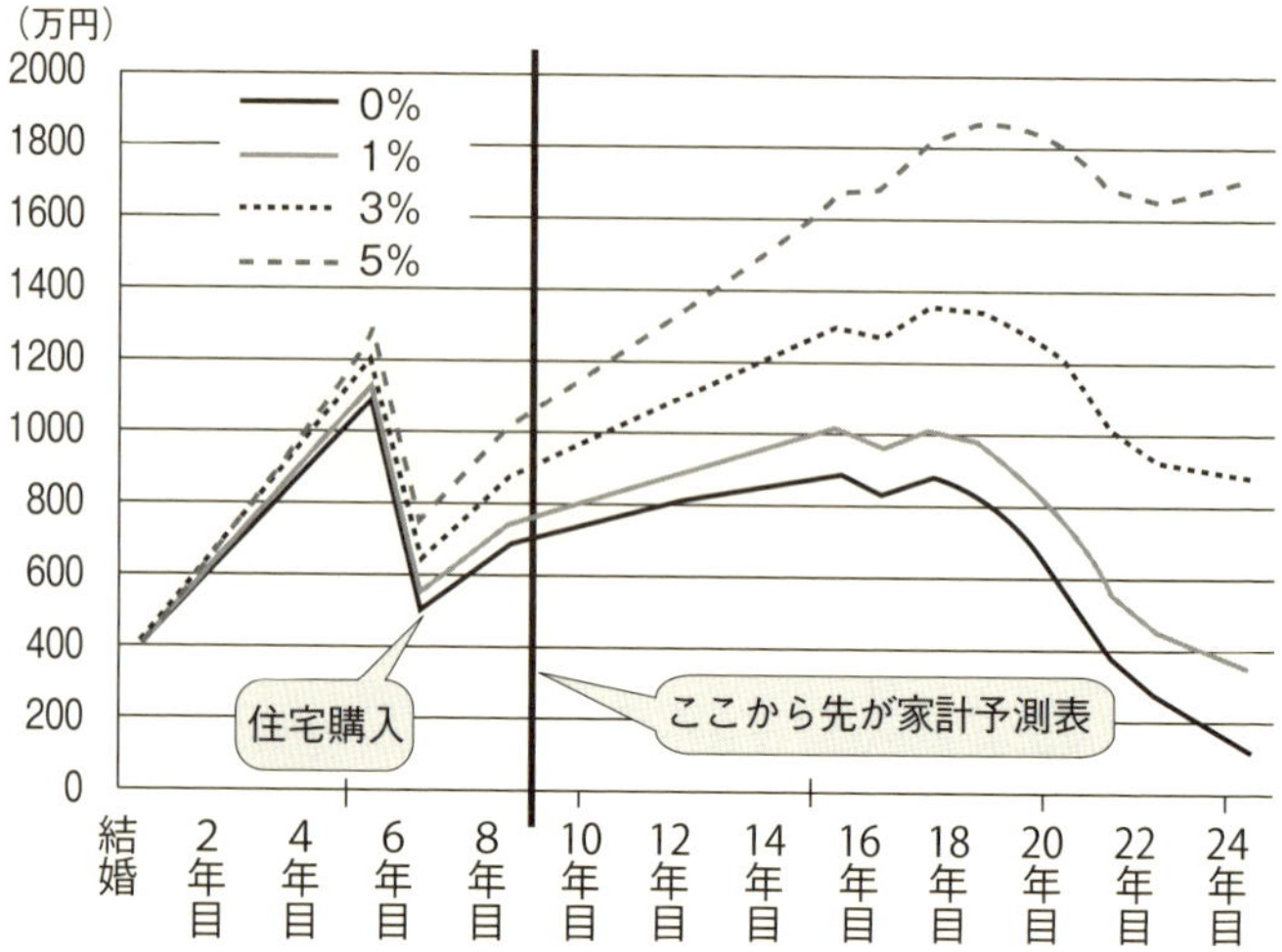

＊24年目は、表19の15年目に相当する。

らけです。子どもの教育資金や部活動費などが思いのほか膨らむとか、親の介護に時間とお金がかかるとか、人生は「予定外」「想定外」で満ちあふれています。投資プランを立てるにあたっては、金額、期間ともにゆとりをもつことが大切です。

ここで、誠さんと智子さんが結婚した当時までさかのぼってみましょう。二人が独身時代に貯めた貯蓄は合わせて400万円でした。すぐに美咲ちゃんが誕生しましたが、社宅暮らしだったこともあり、順調に貯蓄を増やしていきます。結婚6年目に住宅を購入し、頭金や引っ越し費用でいったん大きく貯蓄を減らしました。住宅購入後は多少緩やかにはなりましたが、それでも少しずつ貯蓄を増やしながら現在に至っています。

図23に、結婚時から現在まで、そして今後15年間の貯蓄残高の推移をシミュレーションしてみました。運用率を織り込まない０％の線が家計予測表の貯蓄残高を表しています。運用率を１％、３％、５％と置き換えてみると、いまから15年目（結婚から24年目）の残高は、運用率０％では１５７万円です。一方、１％では３４４万円、３％では８７６万円、５％では１７０９万円と、大きく開きが出てくることがおわかりいただけるでしょう。家計の収支状況は変えず、つまり節約することなく、収入が増えることもなくても、運用率を上げるだけで、将来の貯蓄残高が増やせるのです。

こうした図を見せられると、「低金利の預貯金に眠らせておくのはもったいない」とか「リスクをとっても運用してみようか」という気になります。取り引きをしている銀行に行くと「１％の利率の差が将来を大きく左右します」とか、「リスクをとって運用することで将来のファイナンシャルインディペンデンスが高まる可能性があります」などと投資の効用を説かれるかもしれません。

ここで注意したいのは、銀行などの担当者は「利率が異なれば将来は違いが出る」という当たり前の事実を言っているにすぎないことです。単純に複利計算した結果を述べているにすぎないのです。担当者の勧める商品を購入すれば将来の結果がよくなるなどとは、一言も言っていません。

数字を見せられた顧客側が勝手に、「預金だけじゃ増える可能性はないな」とか「しばらく使わないお金だから、預金のまま置いておくのはもったいないな」などと、ペースに乗せられていくだけです。数字やグラフにはくれぐれも注意しましょう。

相場は「わが家」の事情に合わせてくれない

誠さんと美咲さんが結婚したとき、しばらく使う予定がないからと、貯蓄をすべて株式投資にあてていたとしましょう。その後、住宅購入をしようという年にちょうどリーマンショックのような金融危機が来て、貯蓄を大きく減らすようなことになれば、頭金にあてる金額が少なくなるかもしれません。そうなると借入額が大きくなり、毎月の返済額を抑えるために返済期間を長くせざるをえなくなります。その結果、リタイア後まで返済が続くかもしれません。

実際、子どもの大学入学にと思って誕生と同時に積立投資をしていたのに、金融危機で減らしてしまい計画が狂ったという人もいます。ずっと公立でと思っていた子どもの進路が、子どものたっての希望で（親の希望であるケースも多いのですが）私立に変更となる家庭もあります。

私たち個人の力では相場を思いどおりには動かせないのですから、相場の波に乗っていくことを心がけましょう。使うときまでに売り時が来たら売る。さらに買い時が来て、まだ金額的にも時間的にもゆとりがあれば、もう一度買い、そろそろと思ったら引き上げる。こうした「相場のリズム」と「わが家のリズム」を調和させることが重要です。

とはいえ、売りのタイミングはなかなかむずかしいものです。一度に売らずに、様子を見ながら時期を分散して売っていってはどうでしょう。また、価格が低迷する時期が長く続くかもしれません。あるいは、結局売れないまま持ち続けてしまうかもしれません。そんな場合にも対応できるように、そのお金がなくても資金の手当てができる余裕をもって行うことが鉄則です。

定期預金が満期になったとか、退職金が手に入ったなどというとき、預金のまま置いておくと損をするような気持ちになるようです。ちょうどそのタイミングで金融機関からのお勧めがあると、つい「やってみようか」という気になり、まとまった資金を投入してしまうというのが、ありがちなパターン。たしかに、販売する金融機関にとってはいつでも売り時かもしれませんが、個々の満期や退職金の時期が都合よく買い時とは限りません。

普通預金に入れっ放しでも、損をすることはありません。落ちついてじっくりと考えてもよいのです。投資をしないという選択肢があることを忘れずに。

4 分散投資で安定的運用ってホント?

「安定的な収益」は約束されていない

「長期投資で必ず収益が上げられるわけでないことはわかったけれど、分散投資ならいつ始めても大丈夫なんじゃないの」という声が聞こえてきそうです。

「分散して投資すれば、大儲けはできない代わりに、安定的な収益が期待できます」

「日本株式、外国株式、日本債券、外国債券に25％ずつ投資していれば、１９７０年以降のどの時期から始めても、10年後にはマイナスになっていません」

過去のデータを示されながら、こうした説明を受けたことがありませんか? あるいは、投資入門書に書いてあるのを読んだことがあるかもしれません。

「そうか。株式だけを持つからダメなのであって、分散すれば大丈夫なのか」

なんとなく納得した気になりそうです。しかし、「安定的な収益」が「期待できる」と言っているだけで、「約束」されたものではありません。また、「10年後にマイナスにならない」と言われても、私たちが投資をするのは「マイナスにならないため」ではありません。

図24　分散投資なら大丈夫なのか

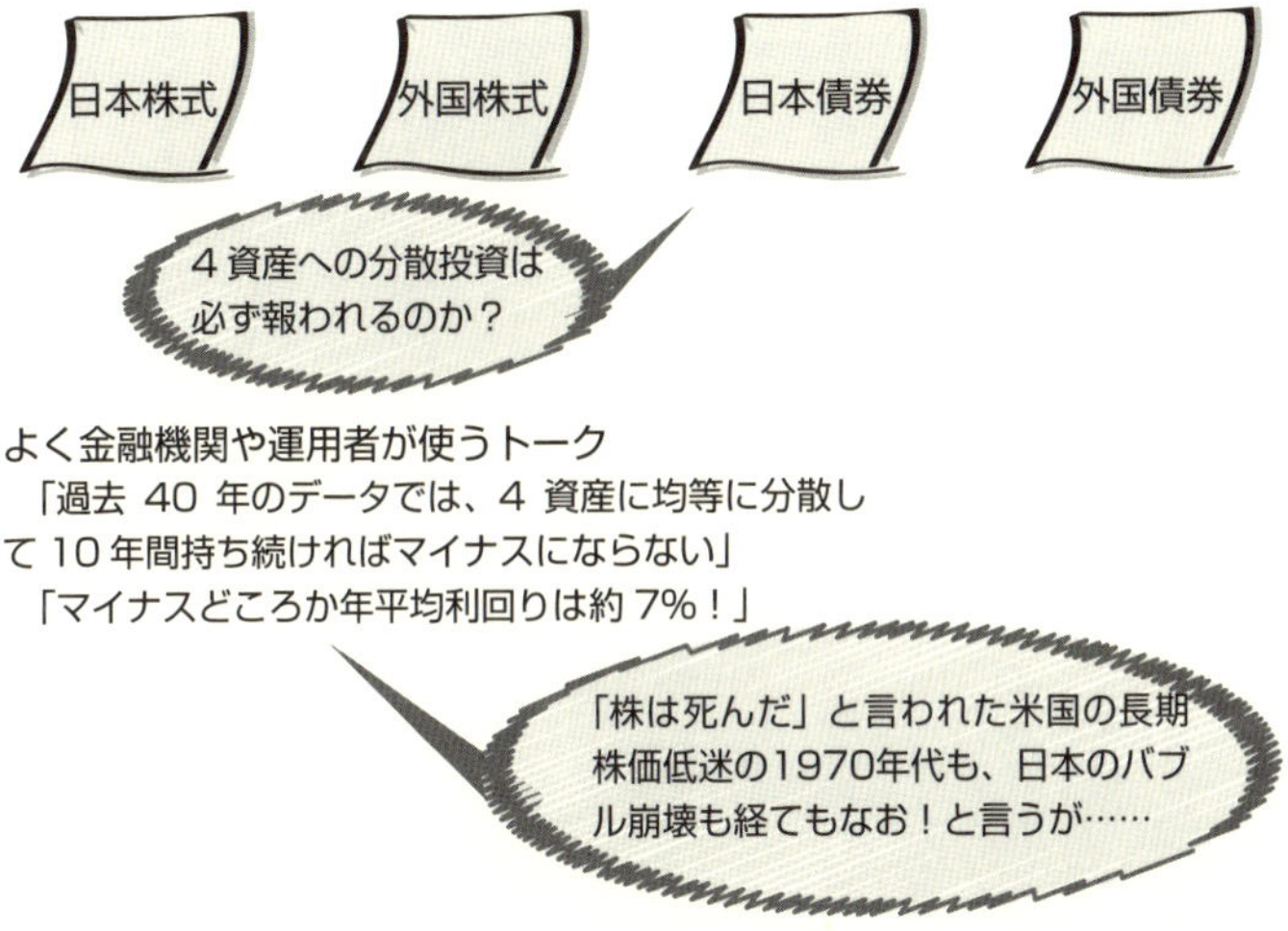
日本株式
外国株式
日本債券
外国債券
４資産への分散投資は必ず報われるのか？
よく金融機関や運用者が使うトーク
「過去 40 年のデータでは、４ 資産に均等に分散して 10 年間持ち続ければマイナスにならない」
「マイナスどころか年平均利回りは約 7%！」
「株は死んだ」と言われた米国の長期株価低迷の1970年代も、日本のバブル崩壊も経てもなお！と言うが……

マイナスにならないことが目的なら、普通預金でもよいはずです。普通預金なら、たとえ低金利でも決まった利息を確実に付けてくれたうえに元本が保証されます。そこで、さらにそそられるフレーズがたたみこまれます。

「分散投資で10年以上持てば、元本割れどころか年平均利回りは約７％です」

さらに、こんな決めゼリフも（図24）。

「米国の長期株価低迷の１９７０年代も、日本のバブル崩壊も経て、なおこの数字です！」

10年の国債が10％を超える時代があった

ここで過去40年間を振り返ってみましょう。米国で「株は死んだ」と言われた１９７０年代はインフレの時代でした。１９８０年代を象徴するのは日本のバブルとベルリンの壁の崩壊。１９９０年代はベルリンの壁の崩壊によって、西側諸国に組み込まれた国々がドルの受け取り手になり、米国の独り勝ち体制となりました。そして２０００年代に入り、金融の暴走とその後始末、新興国の台頭、欧州危機と、情勢はめまぐるしく変わっています（図25）。

図26は１９５４年からの米国債10年物の利回りの推移です。１９７０年以降を注目してください。７％前後だった利回りが１９７０年代後半からどんどん上がり、80年代初頭は14％にもなっています。無理して株式に投資しなくても、安全性の高い米国債を買っておけば高利回りを享受できたのです。図27は１９８６年以降の日本の10年長期国債の利回りです。この図では６％を超えている１９９０年がピークですが、70年代から80年代初めにかけて、８～９％という時期がありました。

このような米国債や日本国債の高金利時代、米国の独り勝ち時代や日本のバブルを織り込んだうえでの「平均利回り７％」であることを知っておく必要があります。データにウソがあるわけではないけれど、将来も同様に７％が期待できるかどうかは保証の限りではありません。米国は長引くイラクやアフガニスタンでの戦争によって、国力が衰えを見せ始めています。果たして、これまでの40年と同様に考えてよいのかも悩みどころです。

そして、繰り返しますが、相場の動きは個々の家計の都合に合わせてはくれません。30

図 25　40 年間を振り返ってみれば

70 年代はインフレ
80 年代は日本のバブルとベルリンの壁崩壊
90 年代は米国の独り勝ち体制
00 年代は金融暴走と後始末、新興国との連動
さて、これからの時代は？？？

過去40年のデータを根拠に大事なお金を託してよいものやら

図 26　米国債 10 年物の利回り（年平均）の推移（1954～2008 年）

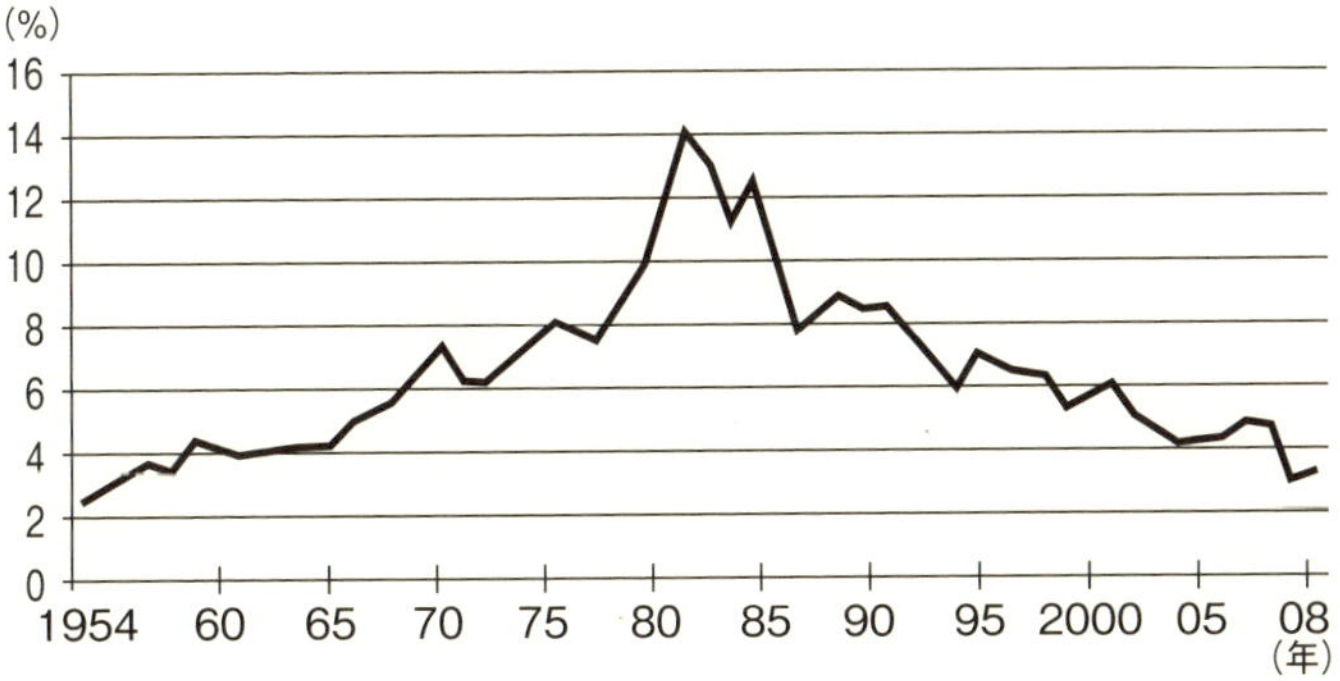

図27　日本の10年長期国債の利回りの推移（1986～2010年の年末時点）

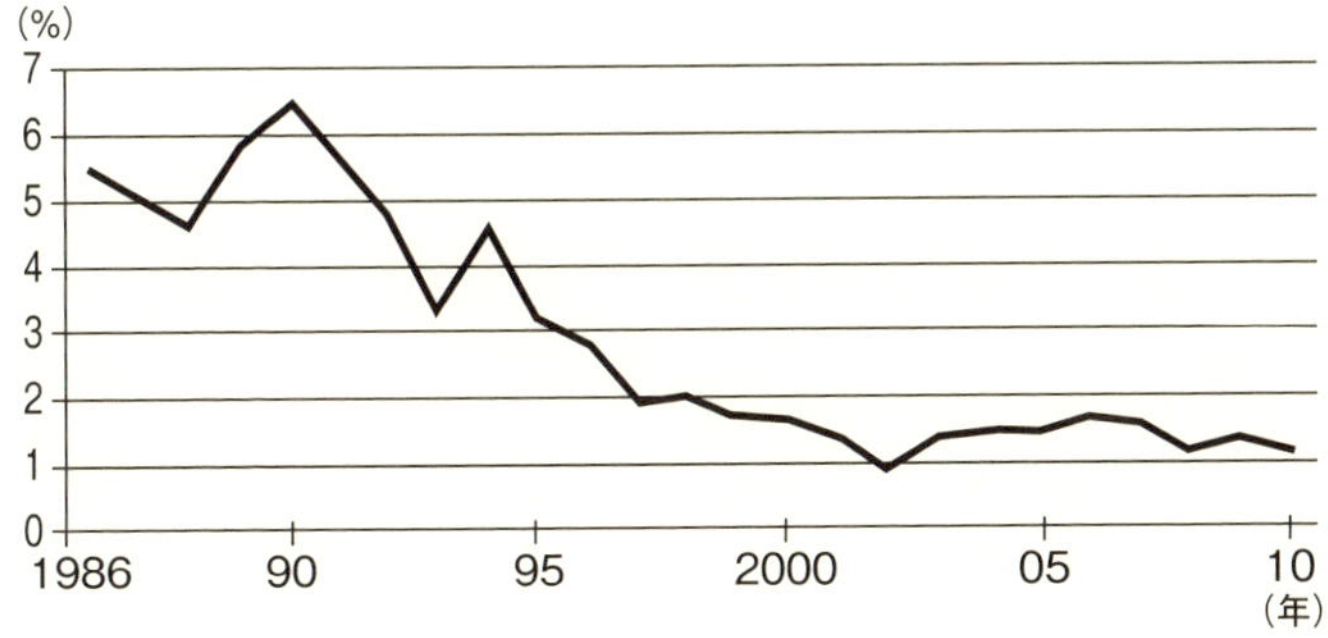

年、40年というサイクルで見れば、今後も分散投資が有効であるという結果が得られるかもしれませんが、家計はそんなサイクルで動いてはいません。また、「有効」とは何を指すのかも重要です。単にマイナスにならないことを「有効」と言っているだけかもしれません。

「一つのかごに卵を盛るな」は正しいけれど……

分散はリスク管理として重要です。「これしかない」という集中投資は危険です。選択肢を常に複数もったうえで、より効果的と思える判断をしていかなくてはなりません。

これまでも述べてきたような、株式が儲かる時期には株式投資をし、そろそろ潮時と思えば債券に移るという方法も、広い意味での分散投資です。多くの家計において貯蓄の中心は預貯金ですが、それに株式投資を組み込むのも分散投資です。

また、株式に投資する際に業種を分散するとか、金利が上がるのか下がるのか先行きが見えないときは、定期預金の期間を短いものと長いものとを組み合わせたり、金利が変動する商品を組み入れるなど、分散を必要とする場面はいたるところにあります。過去40年間のデータを信じて、４資産（日本株式、外国株式、日本債券、外国債券）をひたすら持ち続けることだけが分散投資ではありません。

そもそも４資産に分散するのは、値動きの異なるものを組み合わせることにより、収益のブレを安定化させるための知恵です。だから「大儲けはできない代わりに安定した収益が期待できる」と言われるのです。株価が高くなっているときは債券価格が安くなる（金利は高い）傾向があるため、組み合わせて運用すると、値動きが安定する効果が期待できます。しかし、同時に買おうとすると、どちらかは高値になりがちです。

巨額の資金を運用する機関投資家であれば、あらかじめ決まった運用方針に従ってポートフォリオ*を組んで、それに沿った運用をする必要があるでしょう。しかし、暮らしのお金は誰かに運用を委託されているものではなく、自分自身のお金です。自分の暮らしのサイクルに合わせて自分なりのやり方で取り組めばよいと思います。

＊ポートフォリオ――本来は「紙挟み」の意味。現代の日本においては、ある程度の資産を持つ投資家が、自らの資産を複数の金融商品に分散投資すること、またその投資した金融商品の組み合わせを指す場合が多い。

と比べて、為替手数料が安く設定されていることが多いようです。為替手数料とは、異なる通貨を交換するときに金融機関に支払う手数料。ドルと円の交換の場合は、1ドル1円というような形で決まっています。

円からドルで1ドル1円、ドルから円で1ドル1円というように、円に戻すためには往復で為替手数料がかかります。銀行の外貨預金の場合は片道1ドル1円が一般的ですが、外貨建てMMFでは片道1ドル50銭程度です。

ただし、金融機関によって異なりますので、事前に確認してください。また、通貨によっても異なります。金利が高い通貨でも、手数料が高ければ期待したほど収益が上がりません。手数料額にも注意しましょう。

円高のときに買う

外貨投資を勧められる際に、「日本では得られない高金利」というフレーズを耳にします。しかし、円から外貨に換える際には、前述のように為替手数料がかかります。また、為替は常に変動するので、金利が高くても為替で損をするケースもあります。

外貨投資をするときも株式同様、安いときに買うことが基本。外貨が安いときとは「円高」のときです。

米ドルを例に見てみましょう（139ページ図28）。米国が発行する国債に、ゼロクーポン債という、利子が付かない代わりに額面よりも割り引いた価格で買える債券があります。差額が利子に相当すると思ってください。

たとえば、金利が高いころに1ドル120円で債券を購入するより、たとえ金利が低くても現在（2012年5月）のようにドルが安いときのほうが、収益を得られる可能性は高くなります。ドル建ての複利率はケースAが約5.9%（7500ドル→1万ドル）で、ケースBの約0.81%

外貨投資も「安く買う」が基本

おすすめは外貨建てMMF

通貨は、その国の状態がよくないから下がり続けるとか、よいから上がり続けるというものでは、必ずしもありません。他の通貨とのバランスによって価格が形成されます。経営状態が悪い会社の株式がどんどん値崩れし、倒産すれば価値がなくなってしまうのとは異なります。

どんなに日本の財政状態が悪くても、他国がそれ以上に悪いとか、国際的な投資資金が株式や原油など他の資産を売って一時的に円に替えておくとか、さまざまな事情で円高になる場合があります。

マイナーな通貨は市場が狭いので、値動きが大きくなりがちです。暮らしのお金という視点で考えれば、外貨投資の対象としては米ドル、ユーロ、豪ドルといった主要通貨が無難です。

そして、外貨投資の入口としては、外貨建てＭＭＦがよいでしょう。

ＭＭＦは、Money Market Fund の略で、海外の投資信託会社によって外貨で運用される公社債投資信託です。格付けの高い債券やコマーシャル・ペーパーなどで運用されるため、外貨資産そのものの安全性や安定性は高く、一般的に外貨預金と比べても高金利。いつでも出し入れ自由なのも魅力です。

米ドル、ユーロ、豪ドルという主要通貨であれば、多くの証券会社で扱っています。安全性が高く、いつでも購入・換金でき、米ドル建ての場合、10セント単位や、10米ドル以上であれば1セント単位など、少額から取引できます。

為替手数料にも注意

外貨建てMMFは外貨預金

貨建てMMFで運用しながら納得いく金利水準になってから債券を買うか、そのまま円安になるのを待つというのでも、よいでしょう(その間も分配金は付いてきます)。

また、債券の満期が来ると元本は外貨建てMMFに入金されます。そのときに円高であれば、外貨建てMMFでそのまま運用を続け、円安になったら円に替えることもできます。

このように、外貨資産を運用するためのベースとしても便利に使えるのが外貨建てMMFです。

まだ使う時期までに余裕があるのであれば、もう一回債券を購入するというのもアリです。米ドル建て債券であれば種類が多く、償還までの期間が2年、3年、5年、10年など都合に合わせたものが選べます。

外貨を旅行で使う

海外旅行の際に使うことを目的に外貨運用をする場合、純粋な運用目的とは分けて考えたほうがよいと思います。これまで述べてきたように、資産運用の視点でみれば外貨建てMMFが外貨預金よりもメリットが大きいのですが、直接外貨をキャッシュで引き出すことができません。キャシュで使う場合は、外貨預金を利用しましょう。

現地でもATMで外貨を引き出せることを強みにしている銀行もあります。ただし、どの通貨もどの国もというわけにはいきません。具体的な使い方をイメージしたうえで、どの銀行のサービスを利用するのがよいかを、コストも含めて検討してください。

また、外貨のまま使うからといっても、為替水準を気にしなくてよいというわけではありません。円高のときのほうが、たくさんの外貨が買えます。円高時に外貨に換え、外貨預金に預けておいて、旅行のときまで利息を付けてもらいましょう。

(9600ドル→1万ドル)より大幅に高いにもかかわらず、ケースAでは82円で元本割れになってしまうのです。

ドルではなく円で年複利率3%の収益を得るための為替水準は、ケースAでは1ドル104.3円、ケースBでは86.8円です。ケースBのほうがハードルは低く、90円になれば4%近い利率が得られます。

為替水準は円高で買いだけど、債券金利が納得いかないというのであれば、とりあえず外

図28　米国国債(ゼロクーポン債)の購入ケース

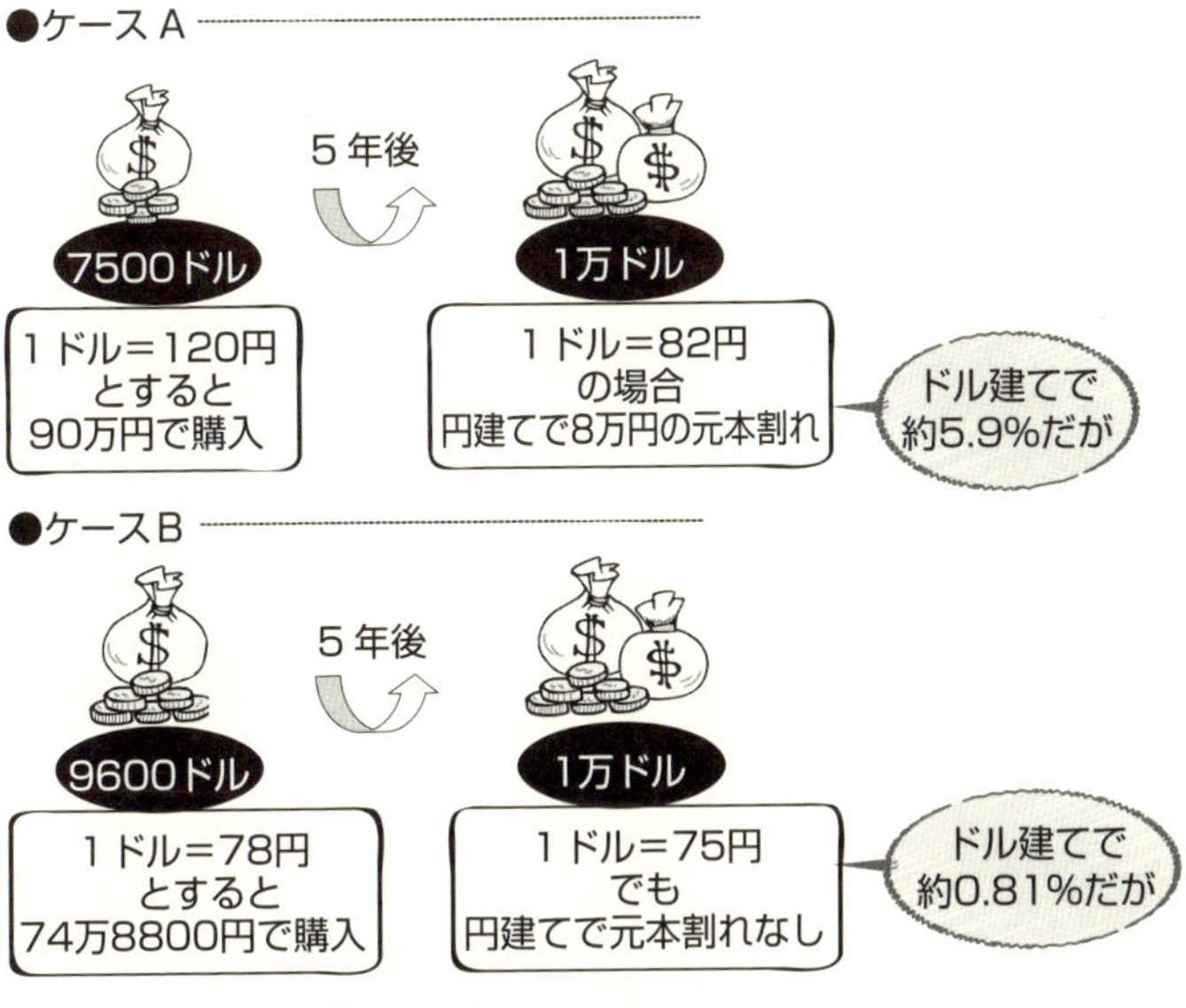

＊2011年12月時点で78円前後で推移している。

●A・Bいずれのケースも5年後は1万米ドルが償還。

円建てで年複利3%の利回りを得るためには

A：90万円×$(1+0.03)^5$ = 104万33…円、1ドル104.33円

B：74万8800円×$(1+0.03)^5$ = 86万80…円、1ドル = 86.80円

5 平均利回りにだまされるな

分散投資だから2倍になるわけではない

「過去40年間のデータでは、分散投資をすれば、どの年から始めても10年後の年平均利回りは7％」というフレーズに、もう少しこだわってみたいと思います。7％という数字の背景には、債券金利がいまとは比べものにならないくらい高かった時代背景が見逃せないことを指摘しました（132ページ）。ここでは平均利回り7％の意味を考えてみましょう。

ある経済専門紙では、前述のデータを示したうえで、10年間約7％で複利運用を続けると資産が2倍弱になると説明しています。

「72の法則」をご存知でしょうか。72を運用期間で割ると、その期間で資産が倍になる1年複利の利率がわかるというものです。反対に複利率で割れば、2倍になるのに必要な期間がわかります（図29）。72を7で

図29　72の法則

1年複利で何年預ければ元本の2倍になるか

1%の場合　72÷1＝72年

2%の場合　72÷2＝36年

4%の場合　72÷4＝18年

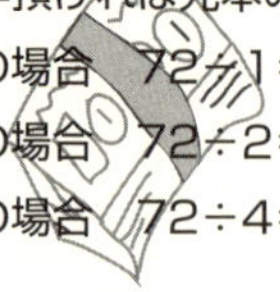

図30　年平均利回り7%を複利率に換算すると約5.45%

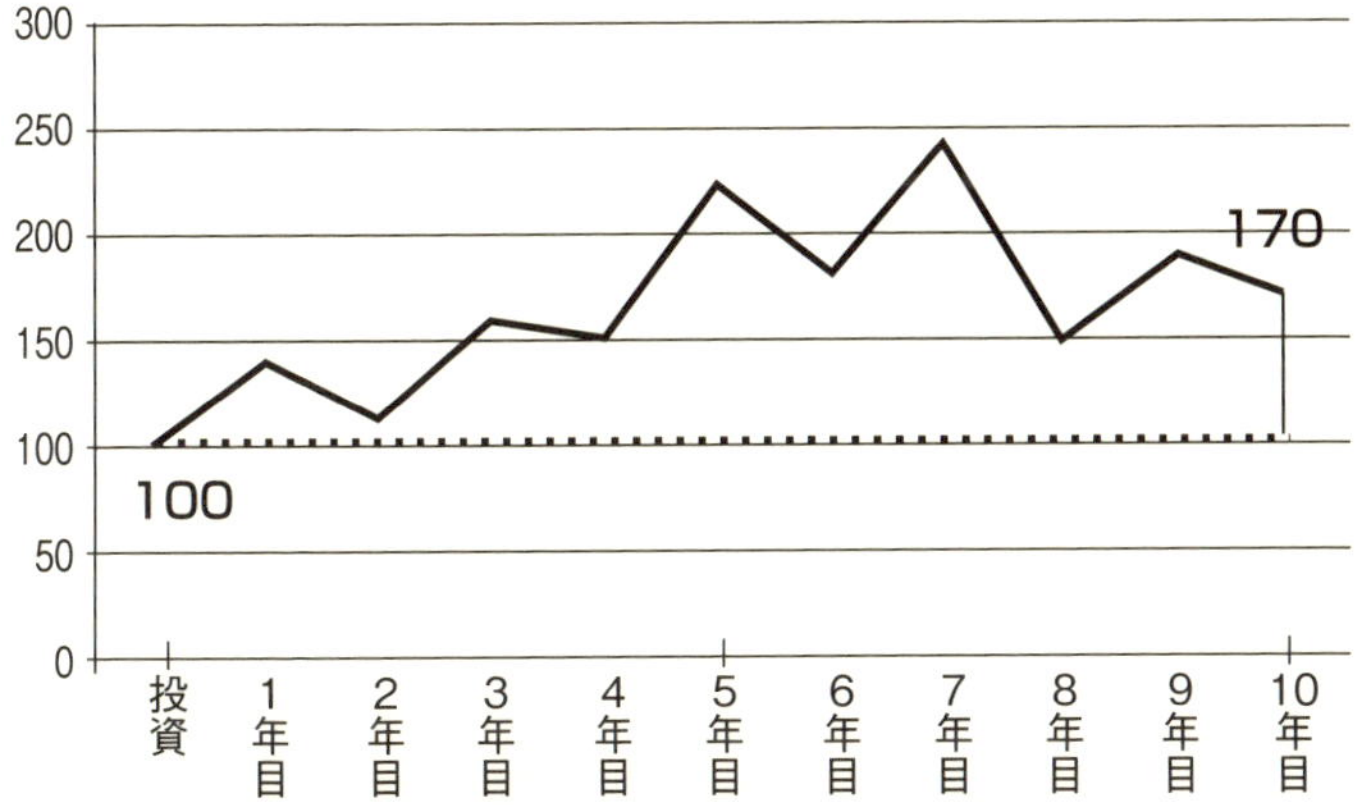

＊年平均利回り＝収益÷運用期間÷元本×100

割れば10・２８５７…となり、２倍になるのに10年ちょっと、つまり10年で２倍弱になります。この説明自体はウソではありません。しかし、平均利回りと複利運用は意味が異なります。

図30は10年間の資産の値動きの一例で、年平均利回りは７％です。上がり下がりがありながらも、10年後には１００だった元本が１７０になったのですから、１年あたりに平均すれば７％の利回り。これを年複利に換算すると約５・45％です。つまり、１００の元本が10年間で１７０になったということは、年５・45％で複利運用したのと同じだということです。

仮に年７％で10年間複利運用すれば、10年後の元利受取額は約１９６です。先の経済専門誌の記事は、７％で10年間複利運用を続けると２倍弱になるという当たり前の計算結果を述べて

図31　複利運用の仕組み

いるにすぎません。分散投資すると年7％で複利運用できる、と言っているわけではないのです。ところが、イメージだけで読んでいくと、まるで分散投資をすると10年間で2倍弱になるかのような勘違いを引き起こしかねません。

複利運用とは、利息が元本に組み入れられて新たな元本となり、それに利息が付くというものです（図31）。一年複利で確実に利息が付く定期預金のような商品と違い、値動きする資産を説明するときに、複利運用の例を出すのは誤解を招くもとだと思います。

平均リターン8％の本当の意味

投資信託の過去の成績を表示する際に、平均リターンという言葉をみかけます。図32のように、前年から40％上がった年もあれば50％下がった年もある場合、それぞれの年の数字を足して、単純に一年あたりに平

図32　10年間の平均リターン８％の本当の意味

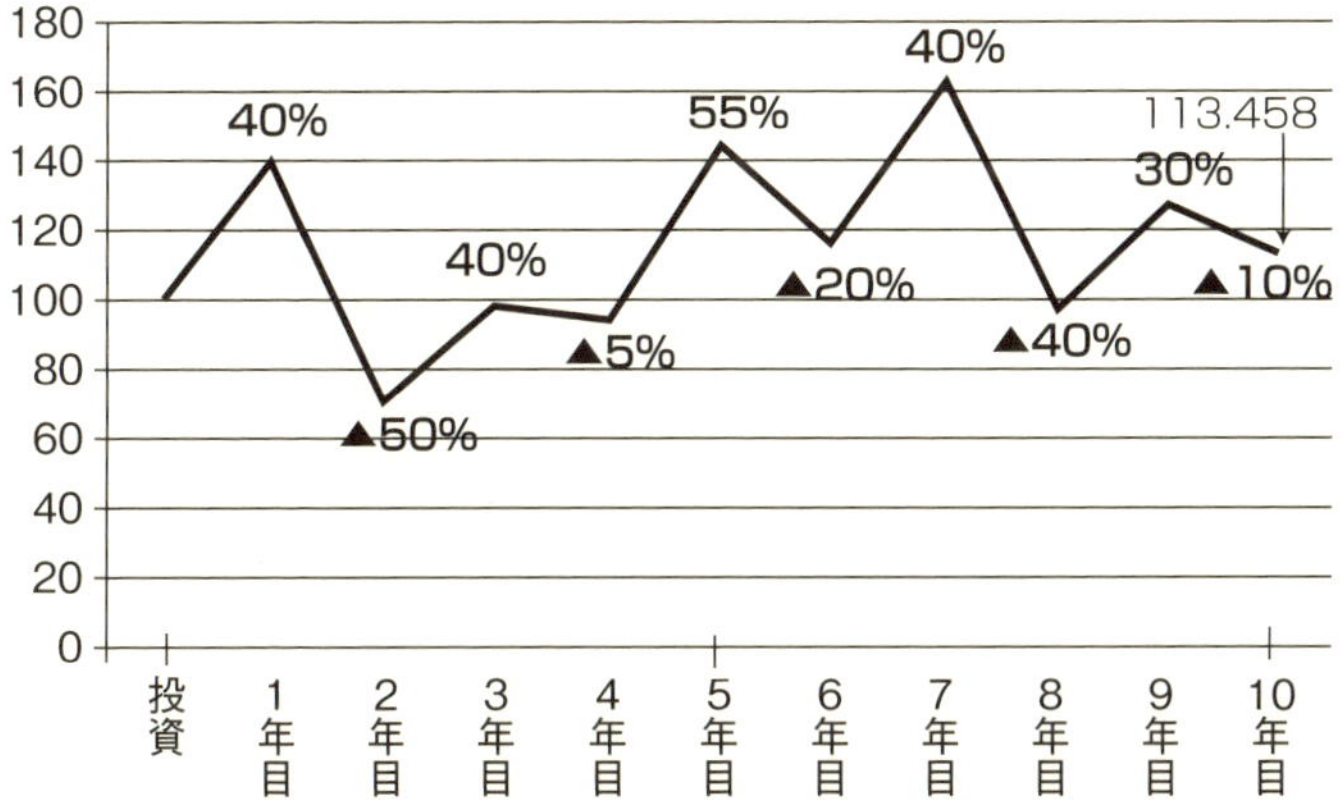

(40−50+40−5+55−20+40−40+30−10)÷10=8

均した数字を使い、たとえば平均リターン８％としていることが多いようです。

この事例では10年後の資産は約１１３となります。年複利に計算し直すと約１・27％です。平均リターン８％のインパクトからは、ずいぶんかけ離れていると思いませんか。

また、騰落率という言葉もあります。これはある一定期間での変動率です。たとえば「期間１年の騰落率５％」といえば、１年前から現在までで５％増えたことを意味し、「５年間の騰落率マイナス10％」なら、５年前から10％減ったことを意味します。

金融商品を検討する際には、数字の意味を必ず確認する癖をつけましょう。

6 相場はコントロールできないけれど、わが家の家計はコントロールできる

家計の見直しで安全・確実な効果

ここまで投資に関する数字の捉え方や、投資を検討する際の注意点などを説明してきました。ただし、どんなに勉強をして投資に臨んでも、大きな相場の流れや経済環境は個人でコントロールできません。では、私たち個人はなす術がないのかといえば、決してそうではありません。

第2章の、どんぶり勘定ではない、未来につながる家計運営を思い出してください。私たちは、自分のお金をどのように使うかを決めることができます。いまのお金行動を変えることにより、あるいは保険の見直しをすることにより、1年間に貯蓄できる金額を増やすことができます。

たとえば、現在の貯蓄額が300万円で、毎年50万円ずつ貯蓄できるとしたら、10年後には800万円貯まっています。節約をして月々1万円を貯蓄にまわせれば、年間12万円ですから年間の貯蓄額は62万円になり、10年後の貯蓄額は920万円に増えるわけです。

図33　年間の貯蓄額を増やした場合

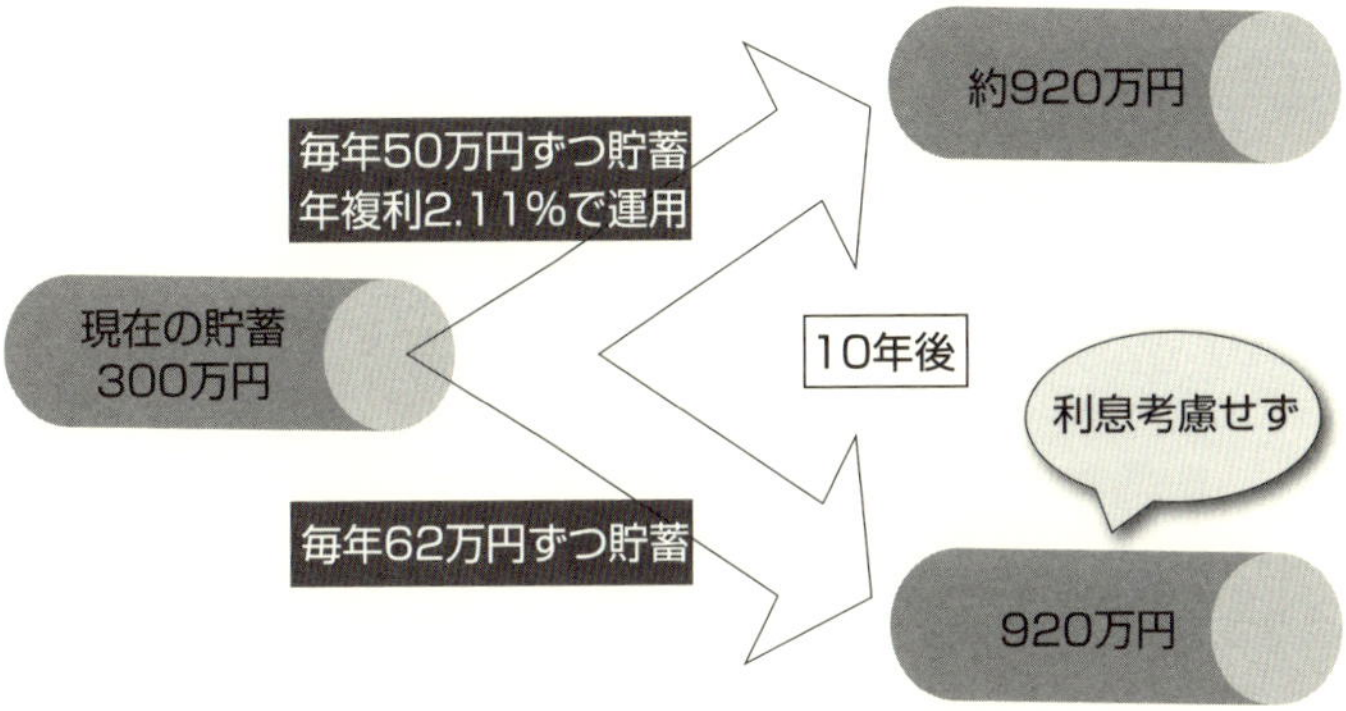

家計の見直しをせずに、年間の貯蓄額50万円のままで10年後の貯蓄額を920万円にしようとすれば、年複利2・11%で運用する必要があります。つまり、家計の見直しによって、安全かつ確実に年複利2・11%と同等の効果を得られたことになります（図33）。

また、子どもが小さいときは働けなかった妻が収入を得るようになると、それも力強い運用になります。毎年62万円ずつ貯蓄していた家庭が、5年目から妻が働き始めた結果、150万円ずつ貯蓄できるようになったとしましょう。すると、10年後の貯蓄額は1448万円になります。家計の見直しをせず、新たな収入源もないまま、運用だけで1448万円にしようと思えば、年複利約8・78%の高利回りが必要です（146ページ図34）。

なお、利率の数字は現状の貯蓄額がいくらかによって変わります。あくまでも一つの例として捉えていた

図34　5年目から妻が収入を得た場合

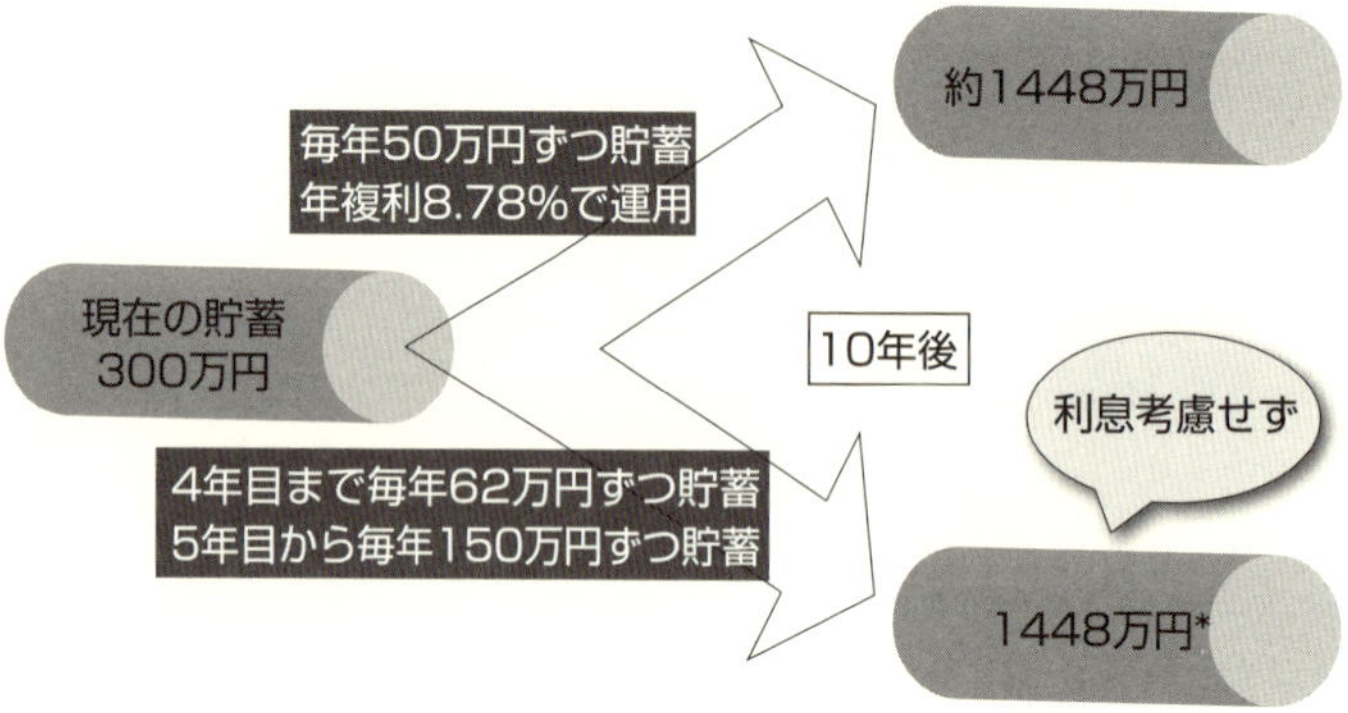

＊ 300万円＋(62万円×4年)＋(150万円×6年)＝1448万円

だき、考え方だけをご理解ください。

金融機関が勧める商品はコスト高

金融機関は、家計の見直しや収入増を熱心に勧めてはくれません。将来の不安を煽って、保険や投資信託の販売につなげようとします。銀行は預金を集めても預金保険料*の負担がかさむので、実はあまりありがたくないようです。手数料稼ぎのできる保険や投資信託を売るほうが、はるかに収益に貢献します。

投資信託会社は銀行にたくさん売ってもらいたいために、手数料を魅力的な水準にします。それを負担するのは、投資信託を購入する消費者です。コストが高いほど、なかなか儲からない商品になります。売れ筋商品は、よい商品だから売れているわけではありません。金融機関が儲かるから売り込んでいるだけです。

たとえば、投資信託を１００万円購入すると、平均2万７３００円（2・73％）が購入手数料としてかかります。また、投資信託は保有している期間を通して、運用会社や銀行などの販売会社に支払う信託報酬が毎年かかり続け、すべての投資信託を平均すると約１・48％です。つまり、投資信託を購入して1年目は、コストだけで約４・21％も負担することになります。一方、株式を１００万円購入すると対面取引で1万円強、ネット取引で１０００円未満です。投資信託と違って保有コストはかかりません。

投資信託はプロが運用してくれるのですから、コストがかかるのはやむを得ません。しかし、そのコストに見合う働きをしているかどうか、過去の値動きや投資対象、投資方針などをよく確認して判断する必要があります。投資信託の成果は未知数、コストは確定です。投資信託に挑戦しようと思ったら、値動きが理解できるシンプルでコストの安い商品を選びましょう。日経平均株価などの指数に連動した値動きをするタイプは、手数料が安く設定されています。また、海外の株式指数や債券指数などに連動する商品もあります。

＊預金保険料——金融機関が破綻したときに預金者を保護するために、国内金融機関は預金保険制度に加入する義務があり、預金量に応じた保険料を預金保険機構に支払う。

「捨てる」という選択

1991年以降、「日本は失われた20年」に突入します。高金利で借りた住宅ローンの借り換え、保険の見直し、暮らし方の見直しなど、生活者は地味ながらも合理的な行動を取ってきました。

そこに1996年、当時の橋本龍太郎首相の「金融ビッグバン宣言」とともに規制緩和と自由化の波が押し寄せ、現在に至るまで、「米国発金融経済化」の世界に日本も組み込まれていきます。

当時、それまでは大口投資家しか利用できなかった外貨預金などの金融商品を庶民も利用できるようになると喧伝されました。選択肢が増えるとも言われました。

そして、決して金利が高いわけでもない外資系銀行に人びとが行列をつくります。ところが、その銀行は残高が30万円を切ると口座の手数料が取られる仕組みだったため、利用しないまま手数料のみ引かれて口座を閉じた方も多かったようです。

かつては大半の住宅購入者が住宅金融公庫のローンを利用していましたが、現在は多くの人が契約時に住宅メーカーが勧める民間の変動金利型ローンを35年で組んでいます。BRICS、毎月分配型投資信託、変額年金保険……。さまざまな商品が押し寄せてきます。

結局、庶民は豊かになったのでしょうか。金融リテラシーは向上したのでしょうか。

自分の頭で理解できるもの、手ごたえのあるもの、腑に落ちるもの以外は、あえて「捨てる」。そんな暮らしの知恵や野生の危機察知能力を取り戻すときだと思います。

＊養老保険――死亡時・満期時ともに、同額の保険金が受けとれる保険。契約締結時に、一括して保険料を払い込む。

過去20年間、家計は何をしていた？

普通の定額貯金がいちばん得だった

低金利の日本しか知らない若い方にとっては信じられないかもしれませんが、リスクをとらなくても郵便貯金に預けてさえおけば、10年で倍になった時代がありました。1970年代や80年代には、利率が10%を超えたこともあります。

裏技やお得商品を探さなくても、全国にあまねく公平に存在する郵便局に10年間預けるだけで、貯蓄は倍々で増えていったのです。保険会社の一時払い養老保険*がブームになったこともありました。

バブル時代の最終局面では、変動金利商品のビッグや固定金利商品のワイドに人びとが列をつくり、ニュースになったこともあります。ビッグは期間2年と5年のタイプがあり、半年ごとに金利が見直される変動金利、ワイドは期間5年の固定金利です。

当時はビッグのほうが金利が高かったのですが、バブル崩壊で預け入れ後に市場金利がどんどん低くなっていき、満期時の受取額は期待はずれ。あんまり欲張らずに、5年固定のワイドにしておいたほうが、結果的には得をしました。

でも、もっとも得をしたのは、行列などに加わらず、普通に郵便局の定額貯金にしていた人たち。高金利を10年間享受できたからです。

1990年前後の高金利時代には、その10年前の高金利のピークで預けたお金が満期になる場合も多くありました。幸運にも、高金利のピークに二度乗っていけたのです。庶民は十分に合理的な行動をしていたと言えるでしょう。

7 新興国投資はリスクが大きいけれどハイリターンが狙える？

「先進国では期待できないリターンがインドやブラジルなどの新興国の株式には期待できる」とよく言われます。同時に、「大きく値下がりするリスクがあるので、投資資金の一部にとどめ、長期的スタンスで臨みましょう」という警鐘も鳴らされます。そこで、「大きく値下がりする」と、投資したお金にどんな影響を及ぼすのか検証してみましょう。

図35と図36は、いずれも年平均８％のリターンで、図35は値動きが激しいケース、図36は比較的穏やかなケースです。同じ８％のリターンでも、大きく値下がりしない図36のほうが、年複利に換算すると約１・５％も高い結果になっています。

たとえば50％下落すると、１００の資産が50に減ります。そこから50％上昇しても75にしかならず、元本には届きません。つまり、「長期的スタンスで」と言っても、図37（152ページ）の2年目のようにいったん大きく下落すると、その後どんなに高い上昇があっても、なかなか取り戻すことはむずかしいのです。

新聞などで、「新興国株式は年初来80％上昇」といった見出しが躍ることがあります。

図 35　値動きが大きいケース

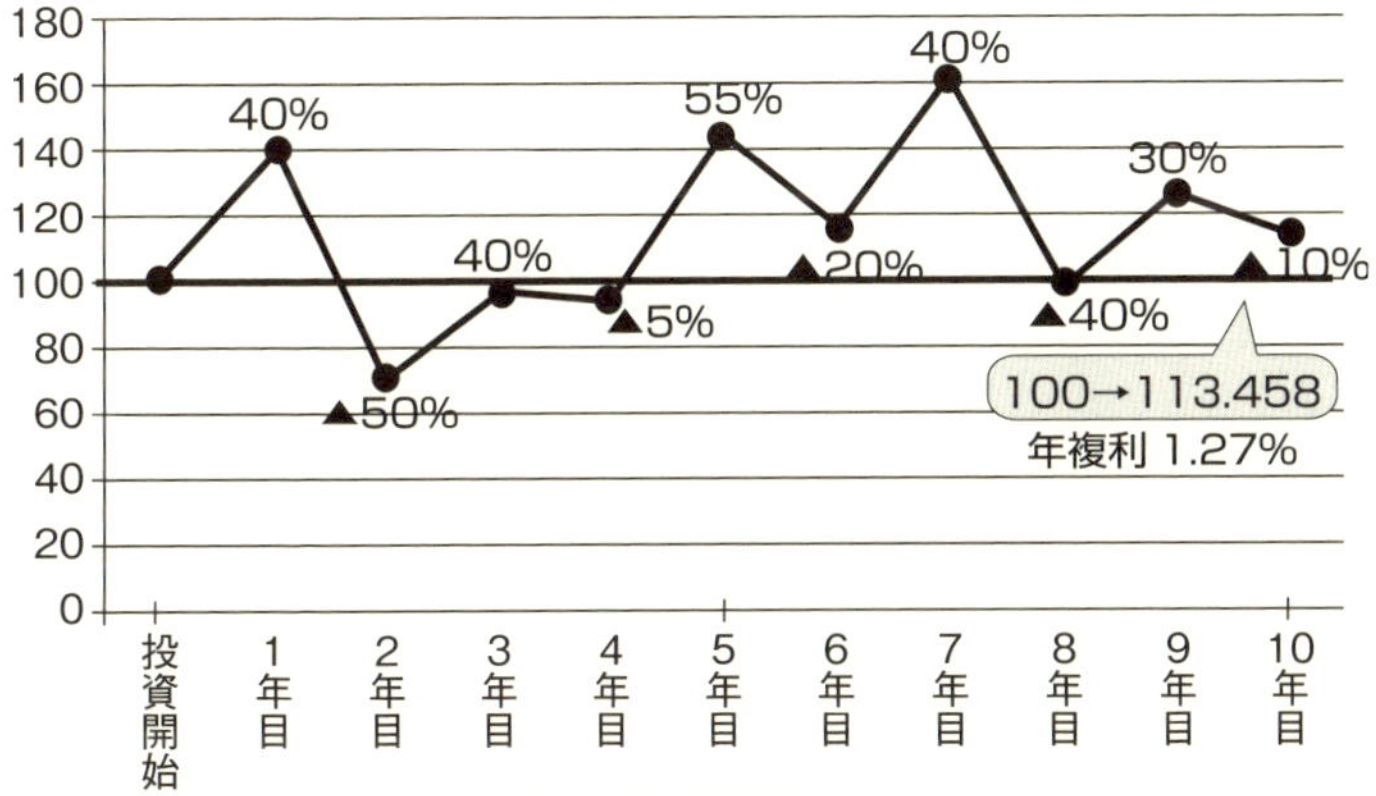

図 36　値動きが比較的穏やかなケース

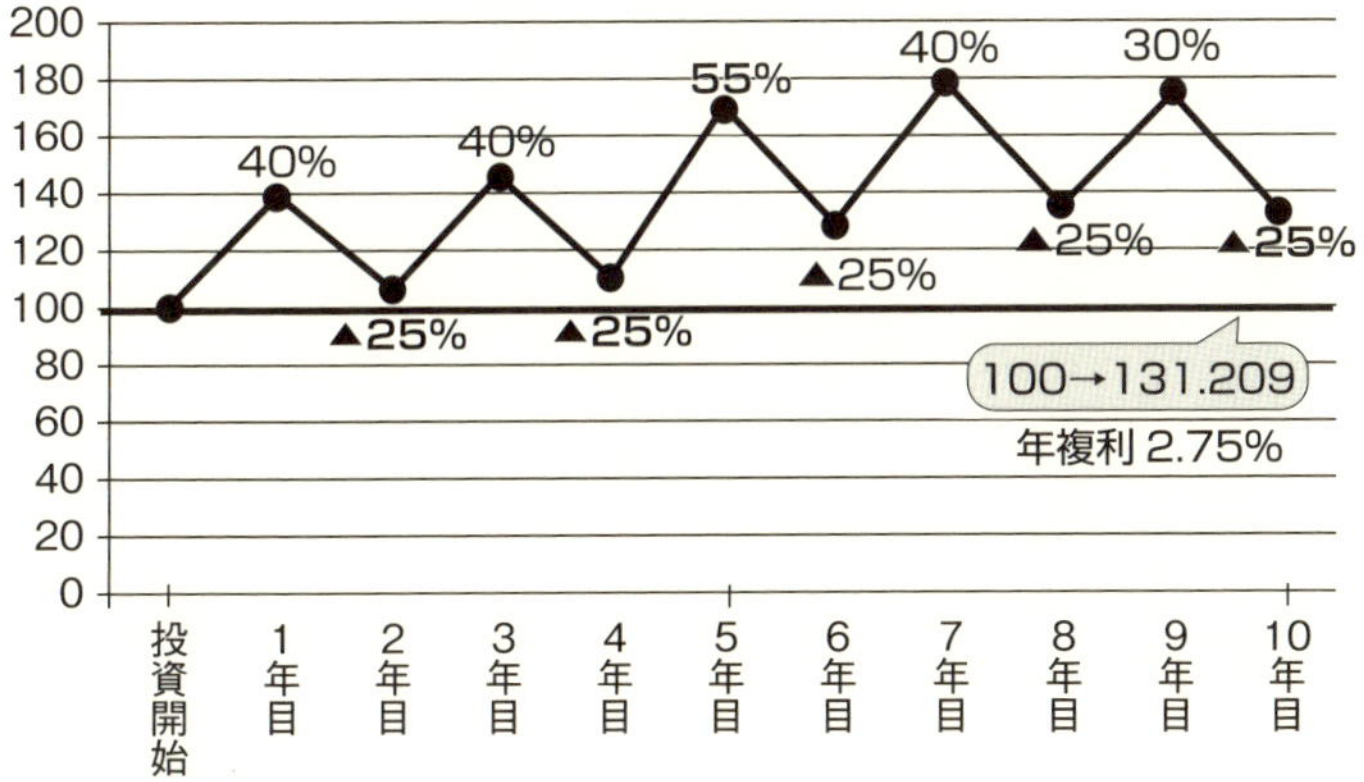

しかし、それはあくまでも年初来であって、自分の投資した時期とは無関係です。新興国の株式は一般的に、投資信託をとおして購入します。投資信託は申込時に手数料がかかり、保有している期間中は信託報酬*がかかります。長期間低迷したまま持ち続けると、コスト負担によっ

図37　山高ければ谷深し

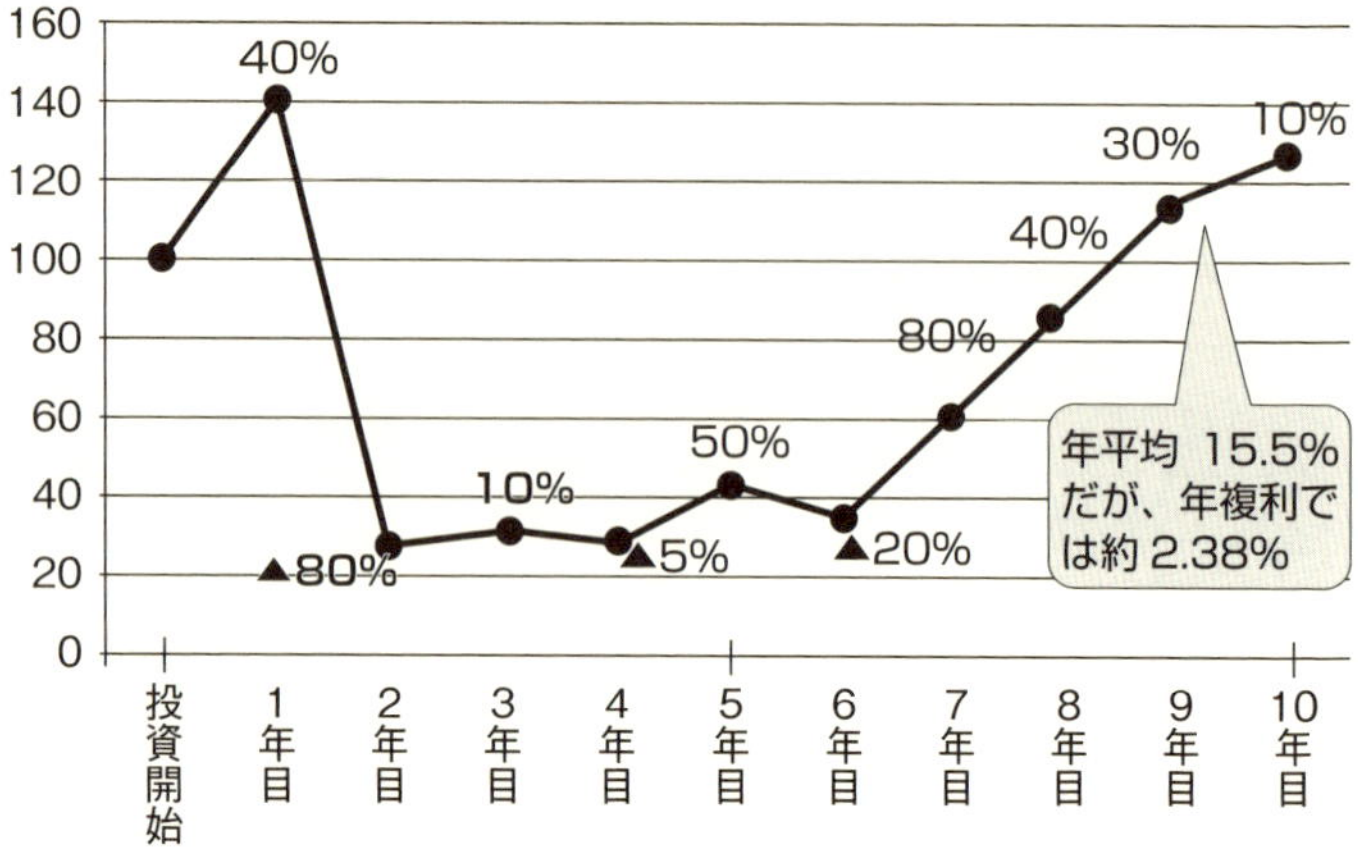

て、さらに資金を減らすことになりかねません。
新興国特有のカントリーリスクも侮れません。カントリーリスクとは、相手国の政策変更や政治・社会・経済環境の変化によって、債務の返済や投融資の回収が不能となるようなリスクのことです。
新興国はいつ状況の変化が訪れるかわからないので、長期的スタンスというのはリスクが大きいと思います。マネー雑誌などで新興国投資の特集が組まれ、投資資金が集まり、しばらくは上がりそうだなと確信がもてるときに買い、上昇局面に乗ってさっと売るというスタンスのほうがよいのではないでしょうか。

＊信託報酬――投資信託を運用する投信会社や販売した証券会社などが毎年受け取る手数料。

8 望ましい未来にお金を流すのも「投資」

この章では投資の技術論を中心に述べてきました。ここで改めて「お金とは何だろう」と考えてみたいと思います。私たちが将来に備えてお金を貯めたり、投資でお金を増やしたいと考えるのは、お金が愛おしくて大好きだからではありません（ときどき、お金を貯めること自体が好きという方もいらっしゃいますが）。お金がないと、必要なときに必要なものが手に入らないかもしれないと不安になるからです。

日本に住む以上、まったくお金なしでは生活できません。暮らしに欠かせない衣食住、レジャーや趣味、教育や医療、介護など多くのものを、私たちはお金を介在して手に入れています。そうである以上、望む暮らしの実現のために、将来みじめな思いをしないために、何とかお金を貯めたいと思うのは自然なことです。でも、そう思って貯めた、あるいは投資した私たちのお金が、めぐりめぐって私たちの将来を危うくするとしたら？

たとえば、インフレに備えて原油やトウモロコシなどの商品を組み込んだ投資信託を購入したとしましょう。そのように考える人が多くなればそうした商品は値上がりし、輸入に頼る私たちの暮らしを直撃します。２００８年の資源や食糧の価格高騰は、実需よりもヘッジファンド＊の投機資金が原因だと言われました。しかし、実際には前述のような投資信託をとおして先進国のお金が流入したためだと言われます。つまり、自らの投資で自らの暮らしを危うくしたのです。

私は自分の理解の及ぶ範囲で、応援したいと思える企業の株式を買っています。投資信託は買いません。なぜなら、原子力発電を推進する電力会社や労働者の権利を軽視する企業など応援したくない企業の株式や、使い道が納得できない国の債券も入っているからです。また、コラム４（１３６〜１３９ページ）で米国国債の事例を出しましたが、私自身は米国国債は買いません。私のお金が他国を爆撃する費用の一部になるかもしれないからです。

運用のプロであれば、時価総額の大きな企業の株式や市場の大きい米国国債を債券のポートフォリオからはずすという選択はできません。しかし、私たちは運用を仕事にしているわけではなく、人様のお金をお預かりしているわけでもないので、自分の意思一つで買わないという選択ができます。思いっきりわがままに、自らの将来が望ましいものになるようなお金の使い方を考えることが、望む暮らしの実現につながると思います。

たとえば、企業の社会保障負担が重くなると収益が圧迫されるという理由で企業負担を軽くし、自己責任で準備をしなくてはならなくなれば、生活者は将来に備えて消費を抑え

図38　望ましい未来にお金を流すのも「投資」

■ 預け先、投資先を選ぶ
　人権、環境、CSR（企業の社会的責任）などを重視する企業
■ NPOバンク、自然エネルギーファンドなどに出資
■ お買い物は国内外のフェアトレード

参考：A SEED JAPAN　エコ貯金プロジェクト。
http://kumasakahitomi.com/archives/143.html

る行動をとらざるをえません。そうなると企業の収益が伸びません。企業は市場のある海外へと出ていくでしょう。でも、生活者の大半は日本で暮らし続ける選択しかできません。

医療や介護といった社会保障が崩され、巨額の費用を払わなければ医者にもかかれない世の中になったとしたら、質のよい食べものを手に入れるために現在の数倍のお金がかかる未来になるとしたら、子どもや孫がまともな暮らしもできない低賃金労働にしか従事できないとしたら、私たち個人の限りあるお金を多少増やしたくらいではとても対応しきれません。

私たちのお金を、私たちの行動を、望ましい未来に向けて投資することを考えませんか（図38）。この章で学んだ投資術と望ましい未来を実現する投資先が合体すれば、まさに鬼に金棒です。

＊ヘッジファンド――機関投資家や富裕層から私的に大規模な資金を集め、デリバディブ（金融派生商品）などさまざまな手法で運用するファンド。

第5章

医療保険依存症にサヨウナラ

1 民間医療保険に入らないと、どうなるの?

自分でよく考える

年齢にかかわらず、将来の医療費に対する不安は大きいようです。テレビや雑誌などで大々的に医療の不安をあおる一方で、「これに入れば大丈夫」とばかりに医療保険広告の洪水が押し寄せてくることが、その背景にあるのではないでしょうか。

保険に限らず、自分で考え、判断し、行動することは、口で言うほど簡単ではありません。でも、保険はあくまで契約です。自分で考えずに、ひたすら「信じて」加入しても、契約条項以上に役に立ってくれることはありません。

また、残念ながら保険を販売する人のなかには、誤っていたり歪んだ情報、個人的な思い込みによる情報を提供して加入に結びつけるケースもあります。しかも、医療保険を売っているからといって、医療制度や保険商品の知識が豊富とは限りません。一般論ではなく、「自分の場合はどうなのか」を、一度しっかり考えてみましょう。

自分の常識と納得に照らして「医療保険に入らない選択」をした二人

民間医療保険に加入する意志がまったくない方というのは珍しいのですが、とても印象的なお二人をご紹介しましょう。

自営業の小林さんは、おだやかな性格で、ストレスをためません。そして、農薬や食品添加物などを使わない食材で丁寧に作った食事を取り、適度な運動を心がける毎日を送っているので、おそらく病気にはならないと言い切ります。たとえ病気になったとしても、健康保険があるので、手持ちのお金で何とかなるだろうという考えです。

「保険診療で対応できない病気になる確率は限りなく低いし、所詮自分のできる範囲のことしかできないと思うの。それに、保険診療で対応できない病気にかかったら、保険診療以外の治療でも治る確率は限りなく低いでしょ」

食や医療について詳しい小林さんは、その知識をふまえて自分の身の処し方を決めていらっしゃるのです。

公務員の内田さんはリタイア間際ですが、これまでに貯めてきた貯蓄があり、退職金ももらえます。病気になれば貯蓄から医療費を払えばよいと思うので、民間医療保険は入る必要がないと考えてきました。ところが、保険会社の営業担当者が「医療保険に入らないと困ったことになりますよ」と何度も言うので、何か盲点でもあるのではないかと思い、

「一応プロの人の話を聞きに来ました」とおっしゃいました。

「営業マンが『差額ベッド料がかかりますよ』(175〜177ページ参照)とか、『先進医療は自己負担ですよ』(181〜185ページ参照)と言うのですが、貯蓄から払うのではなぜダメなのでしょうか。病気にならないかもしれないし、わざわざ保険料を払い続けるなんて納得できません」

内田さんには、「お考えのとおりで大丈夫」とお伝えして、安心していただきました。内田さんのような方は珍しく、多くの方は営業担当者に不安をあおられると、「大変だ。保険に入らなくちゃ」となってしまいます。

なぜ医療保険に入りたいのか?

小林さんと内田さんの選択は、それぞれの事情や考え方に基づいています。誰もが同じようにマネをすればよいわけではありません。保険は契約ですから、それぞれの事情に合わせてはくれません。契約内容をよく理解したうえで、活用したほうが得策だと思えば活用すればよいし、割が合わないと思えばやめればよいのです。

ところが、多くの人たちに、「民間医療保険は入らなくてはいけないもの」という刷り込みがあるような気がします。病歴があるために、しばらくは民間医療保険に加入できない方が、「私のように保険に入れない人って、他にいるのでしょうか」とおっしゃるのです。まるで人間失格の烙印を押されたかのような落胆ぶりに、民間医療保険依存の根深さを思い知らされました。このような刷り込みからいったん自由になり、真っ白な状態から考えてみましょう。

すでに民間医療保険に加入している人も、これから加入を検討している人も、何のために加入しているのか（したいのか）を考えてください。おそらく何らかの不安があるからこそ、大切なお金を減らしてまで加入するのでしょう。第１章で行ったのと同様に、何が不安なのかを思いつくまま書き出してみてください（表19）。書き出した不安は、医療保険に加入することで解決するのでしょうか。

まず公的医療保険と民間医療保険の違いを整理し、１７０ページからは民間医療保険の仕組みと限界を考えていきます。

表19　医療にまつわる不安あれこれ

- 医療費が払えるか心配
- 差額ベッド料が高そう
- がんになると、治療費が高額になるんですって
- 先進医療って、何百万円もするんでしょう
- 保険診療って、たいした医療が受けられないんでしょう
- 救急車のたらい回しなどの報道で何となく不安
- 医療事故が心配
- 日本の医療は崩壊しているって
- 病気になること自体が不安でしょうがない
- いまは若いからいいけれど、高齢になったときが心配
- 一人暮らしなので、突然具合が悪くなったら心細い
- 仕事はきつくなるのに、体力に自信がなくなってきた
- 持病があるので、民間医療保険には入っておきたい

2 公的医療保険と民間医療保険

日本に住む人は、すべて公的医療保険に加入することになっています。自営業者やフリーランスが加入する国民健康保険（国保、自治体が運営）、主として大企業の勤務者が加入する組合管掌健康保険（健保組合）、中小零細企業の勤務者が加入する全国健康保険協会（協会けんぽ）、公務員が加入する共済組合が、おもな公的医療保険と、その運営者です。保険料は所得に応じて負担し、必要に応じて治療が受けられます（現物給付）。

一方、民間医療保険は、保険会社が定める範囲の健康状態に収まっている人が加入する仕組みです。健康状態がよくない人は加入できないか、加入できても保障内容が限定されたり、保険料が割高になる可能性があります。また、必要な治療や、よりよい治療が受けられるわけではありません。契約で決まった支払要件を満たしたときに、現金が受け取れるものです（表20）。

健康保険証を持っていけば必要な治療が受けられる公的医療保険と違い、給付が受けられるかどうかは、請求書類や診断書などから判断して保険会社が決めます。その結果に納

表20　公的医療保険と民間医療保険の違い

	公的医療保険	民間医療保険
加入条件	日本に住むすべての人が加入する	健康状態によっては加入できない
保険料	所得に応じて払う	年齢や性別、健康状態に応じて払う
特徴	①全国どこでも同じ価格で必要な治療が受けられる ②医学の進歩とともに受けられる医療が変わる	①給付の可否は保険会社が審査をして決める ②所定の入院・手術などに対して現金給付 ③医療制度や治療水準などが変わっても、契約内容は変わらない

得がいかなければ、受け取り側が給付条件を満たしていることを証明しなくてはなりません。

医療は日進月歩です。保険診療の内容も変わっていきます。しかし、民間医療保険の契約内容は変わりません。一つ例をあげてみましょう。

「新生物根治のための放射線照射術」を受けたときに手術給付金がもらえるという保険あるいは医療特約に入っている人は多いと思いますが、多くの場合「50グレイ以上」という条件が付いています。一度に50グレイも照射をすることはないので、累計で50グレイになれば、60日に1回を限度に何度でも請求できるという内容です。でも、最近は医療技術が進み、累計でも50グレイ照射することはあまりないようです。そのため、「50グレイ以上」の条件をはずした保険が販売され始めています。

民間医療保険を考えるにあたって、公的医療保険との違いをきちんと知っておくことが重要です。

3 公的医療保険をよく知ろう

どこでも同じ価格で治療が受けられる

国民皆保険制度は1961年に導入されましたから、すでに空気のような存在になっているのかもしれません。私たちは健康保険証を持っていけば、全国どこの診療所や病院でも、必要な治療が医療費の原則3割で受けられます（表21）。

ときどき、公的医療保険の保険料負担があまりにも高いので、保険料を払わずに、病気になったときに全額自己負担をしたほうがよいのではないかとおっしゃる方がいらっしゃいます。しかし、そのときは保険診療ではなく自由診療扱いなので、医療費を10割払えばすむわけではありません。保険診療と同じ治療内容であっても、病院が自由に設定する値段になります。公的保険による医

表21　医療費の自己負担割合

小学校入学前		2割
70歳未満		3割
70歳以上	現役並み所得者*1	3割
	一般・低所得者*2	1割*3

*1　課税所得が年額145万円以上、かつ年収が夫婦2人世帯で520万円以上、単身世帯は388万円以上。

*2　低所得者は住民税非課税世帯。一般はそれ以外。

*3　70～74歳は2割になる予定だが、ずっと延期になっている。

表22　高額療養費制度（70歳未満の場合）

所得区分	自己負担限度額（3回目まで）	4回目以降＊4
上位所得者＊1	15万円＋（医療費－50万円）×1％	8万3400円
一般＊2	8万100円＋（医療費－26万7000円）×1％	4万4400円
低所得者＊3	3万5400円	2万4600円

＊1　国民健康保険加入者は基礎控除後の総所得額600万円以上、健保組合加入者は標準報酬月額53万円以上。
＊2　上位所得者・低所得者以外の人。
＊3　住民税非課税世帯など。
＊4　直近12カ月間で3回以上高額療養費を受けている場合、4回目以降に適用。

療とは、国が定めた診療報酬に基づいて、全国どこでも同じ価格で治療を受けられるということです。

また、保険診療に導入される過程で、薬の効果や副作用などが評価されます。つまり、医療保険制度には治療の質を確保するメカニズムが組み込まれているのです。自由診療はこのメカニズムの枠外ですから、患者自身の自己責任で判断しなければなりません。

医療費100万円でも自己負担は9万円弱

公的医療保険では、1カ月あたりの医療費が所定額を超えると、後から「高額療養費」として戻ってきます。所得区分が「一般」の人は、自己負担金が8万100円を超えると、超えた部分の自己負担は3割ではなく1％になるからです（表22）。

たとえば、医療費が1カ月に100万円かかったとしましょう。その場合、診療所や病院の窓口で3割の30万円を支払

図39　医療が100万円の場合の自己負担額は9万円弱

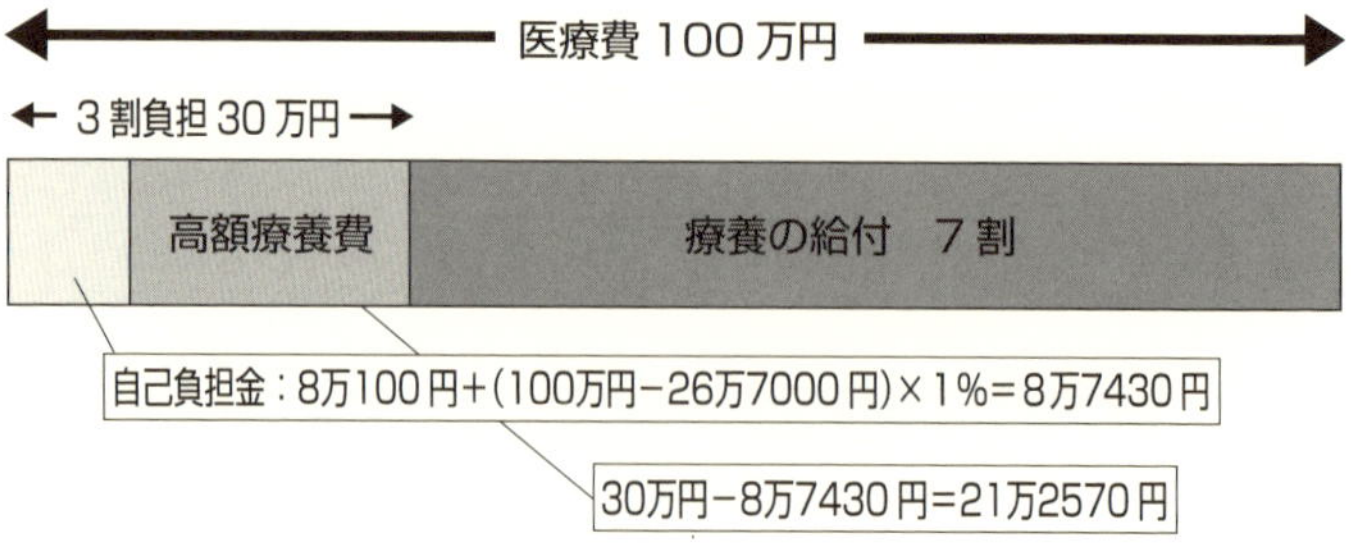

います。ただし、表22の高額療養費制度を見てください。所得区分「一般」の計算式の「医療費」のところに100万円を入れて計算すると、8万7430円になります。したがって、窓口で支払った30万円から8万7430円を引いた21万2570円は約3カ月後に戻ってきます。つまり、1カ月に100万円の医療費がかかっても、自己負担は9万円弱ですむのです(図39)。

医療費が200万円かかった場合も1％が上乗せになるだけですから、10万円弱です。なお、直近12カ月以内に3回以上高額療養費が適用になる月があれば、4回目以降は限度額が下がります(表22)。

事前に限度額適用認定証を保険者から交付してもらい、病院に提示すると、限度額までの支払いですみます。ただし、入院中の食費や差額ベッド料、保険対象とならない治療は、還付の対象にはなりません。4回目以降は限度額が下がりますが、申請しなければ、いつまでも8万100円＋αの限度額が適用されてしまう可能性があります。

また、同じ保険証を使っている家族であれば、同じ月に２万１０００円以上の医療費がかかった場合、それらを合算して高額療養費の適用が受けられます。70歳以上の限度はさらに下がり、合算する医療費に２万１０００円以上といった制限はありません。

医療の進歩にともない、かつては治らなかった病気でも、薬を飲み続ければ、完治はしないまでも命をつなぐことができるようになりました。しかし、高額な薬代を継続して負担しなくてはならず、高額療養費制度があったとしても、家計への影響は深刻です。家族に迷惑がかかるからと、薬をのむのをやめるという悲しい決断を下す方もいらっしゃいます。

高額療養費は、長期にわたる慢性疾患は想定していないようです。制度の見直しについてはこれまで何度も議論の俎上に上りましたが、最後は財源問題で立ち消えになってしまうことを繰り返してきました。高齢社会は誰もがいくつかの病をかかえ、心身に障害をもつ可能性のある社会です。みんなで少しずつの知恵とお金（税金や社会保険料）を出し合って、誰もが安心して治療が受けられる制度にしていきたいと思います。

サラリーマンは休むと傷病手当金がもらえる

会社をとおして公的医療保険に加入しているサラリーマンは、病気やケガで連続して3日間会社を休むと、4日目以降の休んだ日数に対して傷病手当金が受け取れます。金額は1日あたり標準報酬日額*の3分の2です。

ただし、休んでいる期間中も傷病手当金以上の給料が支払われていれば、受け取ることはできません。給料が傷病手当金よりも少なければ、その差額がもらえます。期間は1年6カ月が限度です。

さらに健保組合や共済組合に加入している方は、公的医療保険より手厚い上乗せの「付加給付」があるかもしれません。たとえば高額療養費であれば、1カ月の自己負担額が2万円とか3万円を超えれば、超過分が戻ってくるなどです。傷病手当金を3分の2より多く支給する組合や、1年6カ月ではなく3年間延長して支払う組合もあります。

健康保険以外にも、会社の福利厚生制度として傷病見舞金を支給するとか、差額ベッド料を補助する会社もあります。

一方、自営業者などが加入する国民健康保険には、こうした制度はありません。休業する際のリスクを意識しておいたほうがよいかもしれません。

＊標準報酬日額――標準報酬を日額に換算して算出する。標準報酬は被保険者が受けるさまざまな報酬（給料や諸手当など）の月額を1級5万8000円から47級121万円までのいずれかにランク付けしたもの。健康保険の保険料や手当金の額を計算するもとになる。

交通事故でも健康保険はもちろん使える

交通事故で病院に運ばれたとき、いきなり「交通事故で健康保険は使えませんからね」と強く言われるという話は、いまだに健在です。

そのため、交通事故には保険が適用されないと思い込んでいる方もたくさんいます。しかし、交通事故でケガをした場合にも公的医療保険が使えるのは、当然のことです。ただし、業務上あるいは通勤途上の事故には労災保険が適用されます。

単独の事故ではなく、加害者がいる場合は、「第三者行為による傷病届」を保険者に提出しなければなりません。そして、保険診療を受けた治療費のうち、加害者の過失分を保険者が賠償請求します。被害者の過失分は、被害者自身が保険診療の自己負担分を支払います。

では、なぜ交通事故では健康保険が使えないと言うのでしょうか。おそらく、自由診療であれば保険診療より診療報酬を高く設定できるからではないでしょうか。

もしあなたが被害者で、過失ゼロであれば、加害者の自動車保険から補償されますから、自由診療でもかまわないかもしれません。ただし、多少でも過失があれば、相手に全額請求できるわけではありません。自由診療では高額療養費制度も適用になりませんから、負担は大きくなってしまいます。

また、自賠責保険(自動車賠償責任保険)と健康保険を混同する方もいらっしゃいます。自賠責保険は、交通事故による被害者を救済するために、加害者が負うべき経済的な負担の補填を目的にした強制保険です。自賠責保険を使うことと健康保険は別物です。

4 民間医療保険ってどんなもの？

162ページで説明したように、公的医療保険と民間医療保険はなりたちがまったく異なります。万一、公的医療保険が破綻したとしても、現在販売されている民間医療保険で必要な治療が受けられるわけではありません。民間医療保険は所定の要件を満たしたときに現金が受け取れるものです。では、どの程度の現金がもらえるのでしょうか。

民間医療保険には入院給付金と手術給付金が標準装備され、商品によってさまざまな特約が付けられています（図40）。

図40　民間医療保険の仕組み例

標準装備	＋	特約
・入院給付金 ・手術給付金	＋	・通院給付金 ・女性疾病入院給付金 ・がん入院給付金 ・死亡給付金

決められた日数までもらえる入院給付金

1万円とか5000円などのあらかじめ決めた日額をベースに、入院した日数分を乗じた金額が受け取れるのが、入院給付金です。

1日目から受け取れるタイプと、当初の数日間は免責になる（受け取れない）タイプがあります。１回の入院で受け取れる限度日数は60日、１２０日、１８０日など、商品ごとにさまざま。入院が長期になり、限度日数分をもらい切ってしまうと、給付は打ちきりです。

いったん退院してから再入院したときは、前回の入院と直接の原因が同じか、医学上重要な関連があれば、１回の入院とみなされます。たとえば、30日間入院し、その後同じ病気を原因として40日間入院したと仮定します。１回の入院が60日限度の民間医療保険に加入している場合、「30日＋40日＝70日」で10日間オーバーですから、最後の10日間は入院給付金を受け取ることができません。

ただし、前回の入院の退院翌日から次の入院まで１８０日以上経過していれば別の入院とみなされ、それぞれの限度日数まで入院給付金が受け取れます。また、次の入院までの日数が１８０日以内であっても、まったく関連のない病気やケガであれば、別の入院として扱われます。

手術給付金は二つのタイプ

最近は医療費抑制のため、入院日数を短縮する方向で制度が動いています。平均入院日数が短いほど儲かる仕組みが診療報酬に組み込まれているのです。ただし、入院日数が短

図41　手術給付金の２つのタイプ

88種類の手術

【対象となる手術の大分類】
- 皮膚・乳房の手術
- 筋骨＊1の手術
- 呼吸器・胸部の手術
- 循環器・脾＊2の手術
- 消化器の手術
- 尿・性器の手術
- 内分泌器の手術
- 神経の手術
- 感覚器＊3・視器の手術
- 感覚器・聴器の手術
- 悪性新生物の手術
- 上記以外の手術
- 新生物根治放射線照射＊4

公的医療保険対象となる手術

- 手術とは、健康保険法および老人保健法に基づき、厚生労働省が定める医科診療報酬点数表に手術の算定対象として列挙されている診療行為に含まれているもの。
- 1泊以上の入院を必要とする手術であること。
- 1回の入院中1回の給付が限度

入院の有無は問わず、支払回数に制限がないタイプが一般的。種類に応じた倍率を設けているタイプと、一律給付のタイプがある。

＊1　骨・筋肉・腱・靭帯・関節・軟骨・その他の結合組織。
＊2　膈より下部で臍より上方の中焦（上腹部）という領域に位置する臓器。
＊3　視覚・聴覚・嗅覚・味覚・触覚など、さまざまな刺激を感知する感覚細胞により構成される器官。
＊4　生体内に発生し、過剰に発育した組織（腫瘍）を根治するために放射線を照射する治療。

くなっても必要な治療はするし、日帰り手術も増えてきました。そのため、入院給付金より手術給付金のほうが重要性は増していきます。

　手術給付金は二つのタイプに分かれています。約款所定の「88種類」の手術を保障するタイプと、公的医療保険の対象となる手術を保障するタイプです（図41）。

　88種類の手術を保障

する手術給付金には、入院給付金日額に手術の種類に応じて10倍・20倍・40倍を掛けるタイプと、入院給付金日額に一律10倍もしくは20倍を掛けるタイプがあります。入院の有無にかかわらず受け取れるものが一般的で、保険期間をとおして受け取りに制限がありません。ただし、同時に2種類以上の手術をした場合は1回の手術とみなし、倍率に違いがあるタイプは高いほうの手術のみの支払いとなります。

わかりやすさを優先させて、公的医療保険の対象となる手術をすれば受け取れる商品もあります。しかし、保険対象となる治療は時代とともに変わるものです。こうしたタイプの商品を販売する保険会社にとっては、最新の手術が保険対象として広がると給付が膨らむリスクがあります。そのため、手術給付金額を入院給付金日額にかかわらず10万円と設定し、１泊２日以上の入院や１回の入院で１回の手術を限度とするなど、受け取れる金額が大きくならないような設計になっています。

なお、民間医療保険はかかった治療費とは関係なく定額の現金給付が一般的です。そのなかで、かかった医療費や自己負担分を保障する商品も一部にはあります。ただし、入院中の医療費に限っているので、最近のがん治療のように、外来で治療費負担が大きくなるケースには対応できません。

表23　入院給付金を受け取れる場合・受け取れない場合（抜粋）

支払事由	◆ 医療法に定める病院または患者を収容する施設を有する診療所に入院 ◆ 傷害または疾病の治療のための入院 ◆ 常に医師の管理下において治療に専念 ◆ 責任開始期以後に発生した疾病
免責事由	◆ 被保険者または契約者の故意または重大な過失 ◆ 被保険者の精神障害または泥酔の状態を原因とする事故 ◆ 頸部症候群（むちうち症）または腰痛で、いずれも他覚所見のないもの（原因の如何を問わない）

入院や手術をしても給付金が受け取れない場合がある

民間医療保険は病気やケガの治療のための入院保障ですから、検査のための入院や人間ドック、美容整形、正常分娩などで入院したときには給付金は受け取れません。また、約款で定義された「入院」の条件を満たさないとか、免責事由に該当する場合は、治療目的の入院であっても入院給付金を受け取ることはできません（表23）。

さらに、約款で「契約前からかかっている病気やケガの保障はしない」と規定されていれば、契約時に告知をしていたとしても、入院給付金を受け取れない可能性があります。

告知義務違反の場合は、もちろん受け取れない可能性が大です。契約時には、現在の健康状態や過去の病歴を告げなければなりません（告知義務）。このとき故意または重大な過失により、ウソをついたり事実をありのままに告げなかった場合、保険会社は契約を解除できます。解除されれば、それまでに払った保険料は戻ってきません。

ただし、契約から2年が過ぎれば、告知義務違反があっても保険会社は解除できません。このため、「告知しなくても2年経ったら大丈夫」と言う営業マンがいます。しかし、どんな場合でも大丈夫なわけではありません。告知義務違反をした事情が原因で2年以内に給付金を受け取るような事態が起こっていれば、2年経っても解除される可能性があります。営業マンには告知を受領する権利がありません。たとえ病気に関して話していたとしても、自分で告知書に記入しなくては告知したことになりません。

保険は契約者共通の財産から給付するものですから、個人の財布や口座からお金をおろすようなわけにはいきません。公平性を保つためには、ルールに則っているかどうかが重要なのです。

差額ベッド料は希望しなければかからない

「差額ベッド料は全額自己負担です」と言われると、入院すると必ず差額ベッド料がかかると思いがちです。自ら希望して差額ベッド料のかかる部屋に入院した場合、差額ベッド料は高額療養費の対象とはならないので、一〇〇％自己負担となります。しかし、差額ベッド料がかかるのは、治療上の必要がなく、患者本人が希望するときだけです。

表24　差額ベッド料を徴収してはいけないケース

1　同意書による同意の確認を行っていない(同意書に室料の記載がない、患者側の署名がないなど、内容が不十分な場合を含む)
2　患者本人の「治療上の必要」により特別療養環境室へ入院させる場合
　＊患者、術後患者等であって、病状が重篤なため安静を必要とする者、または常時監視を要し、適時適切な看護及び介助を必要とする者
　＊免疫力が低下し、感染症にかかる恐れのある患者
　＊集中治療の実施、著しい身体的・精神的苦痛を緩和する必要のある終末期の患者
3　病棟管理の必要性等から特別療養環境室に入院させた場合であって、実質的に患者の選択によらない場合
　＊MRSA等に感染している患者であって、主治医等が他の入院患者の院内感染を防止するため、実質的に患者の選択によらず入院させたと認められる者

(出典) ささえあい医療人権センターCOML編『入院する前に知っておきたい新・差額ベッド料Q＆A』(岩波ブックレット、2011年)。

大部屋で他人と一緒に寝起きするのがイヤ、仕事関係の面会が多くて他人に話を聞かれたくない、シャワーのついている部屋がいい……。このような個別の事情によって個室を選ぶケースです。また、必ずしも個室とは限りません。所定の基準を満たしていれば、相部屋でも差額ベッド料がかかることがあります。

厚生労働省は「差額ベッド料を取ってはいけないケース」の通知を各医療機関に出しています(表24)。こうした通知が出ているにもかかわらず、差額ベッド料に関するトラブルは後を絶ちません。

その理由は、患者は弱い立場なので

納得できないまま同意書にサインをしてしまった、狭い地域なのであまり波風を立てたくない、入院時のさまざまな書類の中にまぎれていて気づかないままサインしていたなどです。なかには、「うちも経営が苦しいので、差額ベッド料を払ってもらわないとやっていけない」と言われた人もいます。

徴収すべきではない差額ベッド料を病院が請求するのは、診療報酬だけでは経営が成り立たないからです。だから、医療機関を責めても解決にはつながりませんし、「自助努力で民間医療保険に加入して、差額ベッド料に備えよう」というのも筋違いでしょう。

そもそも、現在の公的医療保険を含む医療制度に関する問題の多くは、長年の国の医療費抑制政策の必然の結果です。最近ようやく転換しましたが、国は医師の増加を抑え、診療報酬も抑えてきました。医療は日進月歩で、しかも高齢化が未曽有のスピードで進むとなれば、医療費が増えるのは当たり前。政府は、どうやって医療費を捻出しようかと考えるべきだと思います。

ところが、実際には医療費を抑制し、病気になった人に負担を強いる政策がとられていて、事態は悪化する一方です。医療は本来、私たちが支払う税金や社会保険料で支える公共財です。公共財が崩壊すれば、民間医療保険に加入していても安心して医療を受けることはできません。

がんの治療費の備えをどう考えたらよいか

民間医療保険は全額受け取ったとしても、せいぜい1回の入院で100万円程度です。しかも、入院をしない外来治療で医療費がかさむケースには、役に立ちません。

いま医療費について心配する人の多くは、将来かかる可能性が高い、がんの治療費を想定しています。最近のがん治療は外来を中心に行うケースが多いのですが、有効な抗がん剤が開発されていることもあり、治療費が高額になりがちです。もしそうした治療が生涯続くとなれば、高額療養費制度があったとしても、医療費負担は深刻です。たとえば、高額療養費が適用になる月が継続して、4回目以降(165ページ参照)の4万4400円が上限になったとしても、1年間の負担は50万円を超えるでしょう。

子どもの教育費支出が一段落し、ある程度の資産形成を終えてリタイアされた方は、がん治療のための費用を貯蓄でカバーすることも、有効な選択肢となり得ます。がんになる確率が高くなる老後に備えて、しっかり貯蓄を増やしていくことが大切です。

将来、日本の医療や介護制度がどのように変わるか、個々の家族構成や健康状態などがどう変化するかは、はっきりしません。不確実な将来に備えるには、支払要件の決まった保険より、何にでも使える貯蓄を中心にしたほうが自由度は高まります。

現役世代にはがん保険が有効

一方、資産形成の途上で、扶養すべき家族がいる現役世代は、貯蓄があっても子どもの教育費など支出先が決まっている場合が多く、治療費の負担が家計に与える影響はいっそう深刻です。この場合は、年齢が若くて保険料も手ごろなので、がん保険加入が合理的な選択肢となります。診断給付金を柱とするがん保険を検討してはどうでしょうか。

図42　がん保険の仕組み例

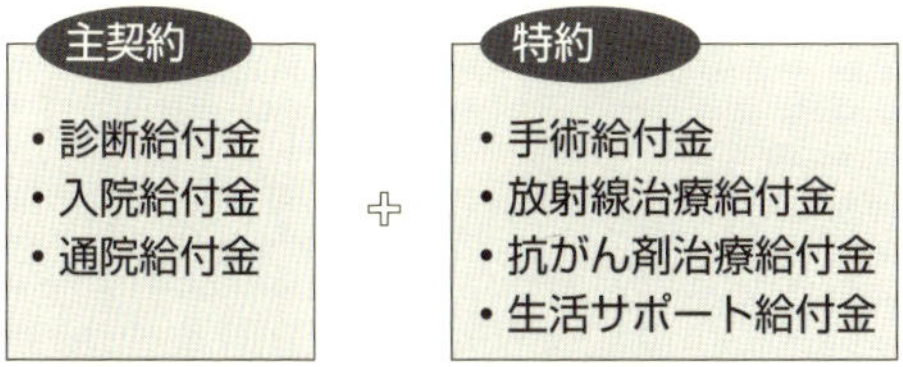

＊保障内容は会社や商品によって異なる。

診断給付金は、がんであるという診断が確定したときに受け取れるもので、一般的には入院給付金日額の１００倍に設定されています。たとえば日額1万円であれば、診断給付金は１００万円です。

入院や手術だけでなく、放射線治療や抗がん剤治療を保障するなど、外来のみでの治療も多い最近の事情を意識した保障を提供する保険もあります（図42）。ただし、いろいろな治療ごとの保障が付いている安心感はあるものの、いちいち請求書類を取り寄せて請求手続きをしなければなりません。

これに対して、悪性新生物であるという診断が確定すると、年金が一定期間支給されて契約が終了する保険もあります。受け取った年金は現金なので、入院や通院、所定の手術といったしばりはありません。請求手続きも一年に一回ですみます。

受け取るときのこと、つまりがん治療をしている自分の状況を想像しながら、どのような保障が自分にとってふさわしいかを考えてみましょう。

がんになるのか、ならないのか。仮にがんになったとして、治療が長引くのか、短期間で日常生活に戻れるのか。すべては不確実です。そして、がん治療の状況も変わります。いま必要な備えを割安に確保し、不確実な将来に向けて貯蓄を積み重ねていくことが、将来の選択肢を狭めない知恵ではないでしょうか。

そして、現役世代にとって、どんながん保険にもまさるのが継続的な収入です。がんの治療を続けながらも働ける職場環境の確立が、何よりの保険だと思います。

5 先進医療は夢の治療ではない

先進医療とすぐれた医療は違う

先進医療は保険適用することが適切かどうかの評価を行う実験段階の医療技術であり、標準治療ではありません。標準治療とは、科学的根拠に基づき、現在利用できる最良の治療であることが示され、一般的な患者に行われることが推奨される治療を指します。言葉のイメージで、先進医療が標準治療よりもすぐれた医療であると勘違いする人が多いようですが、命にかかわることだけに正確な理解が重要です。評価が定まり、有効性・安全性が確認されれば保険収載され、反対に効果が見込めなければはずされるため、先進医療の数は常に増減します。

先進医療は保険適用されていませんから、全額自己負担です。しかし、あくまでも公的医療保険制度において「先進医療」と位置づけられたものなので、自由診療ではありません。

先進医療を行えるのは厚労省が認めた医療機関に限られています。有効性や安全性を確保するために、医療技術ごとに一定の施設基準を設定し、その基準を満たした医療機関だけしか、先進医療と保険診療との併用はできません。実施している医療機関は、定期的に厚労省に報告を行うことになっています。

通常、保険診療と保険外の診療を組み合わせて行う混合診療は認められていません。行った場合は、保険診療も含めてすべて自己負担です。ただし、前述のように厚労省が定める先進医療は、保険診療と組み合わせて行うことが認められています。先進医療と同じ治療でも、厚労省が認めた医療機関以外で行った場合は、保険診療と組み合わせられないため、保険診療部分もすべて自己負担です。

これは、公的医療保険の「保険外併用療養費制度」に基づくものです。保険外併用療養費制度には評価療養と選定療養があり、先進医療は評価療養に含まれます(図43)。

２０１２年５月１日現在、先進医療技術は99種類あり、第二項先進医療が62種類、第三項先進医療が37種類です。前者は薬事法の承認・認証・適用があり、後者は薬事法の承認を経ていません。第三項先進医療は、高度医療評価会議による安全性・有効性の確認が必須となっています。適切な要件のもとで科学的評価が可能なデータを収集し、治験・薬事申請、さらには保険適用につなげるための制度です。

図 43　保険外併用療養費制度の仕組み

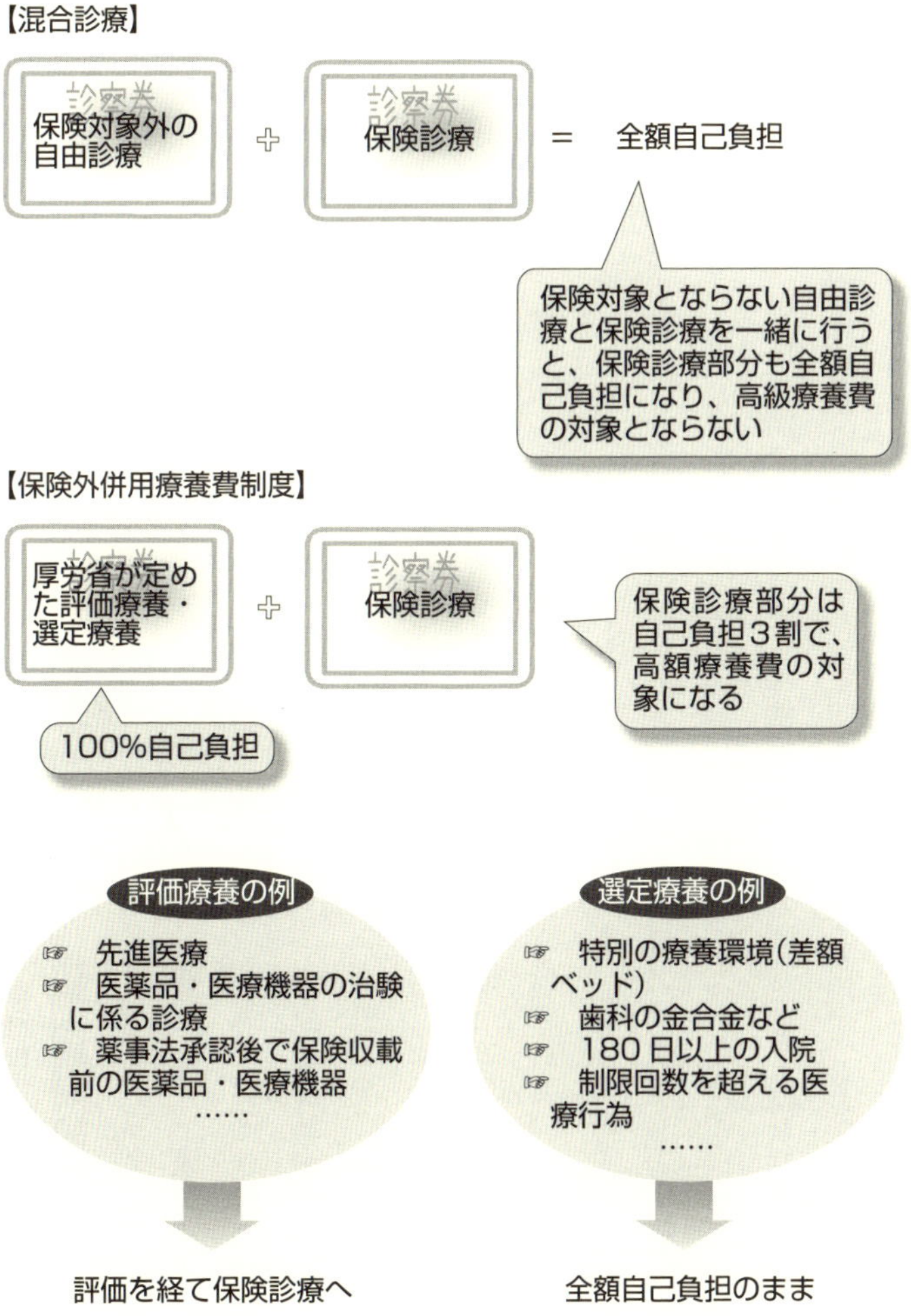

図44　先進医療費総額に占めるがん関連費用の割合

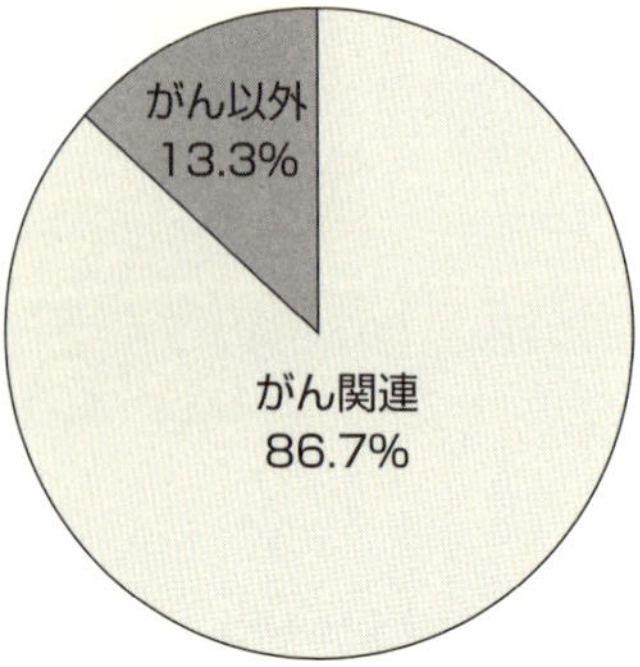

（出典）「平成21年6月30日時点で実施されていた先進医療の実績報告」。

表25　先進医療費用の内訳

100万円以上	3種類
50万円以上100万円未満	7種類
10万円以上50万円未満	34種類
10万円未満	43種類

＊期間中未実施の技術は除く。

先進医療の費用は必ずしも高額ではない

次に、先進医療にかかる費用を「平成21年6月30日時点で実施されていた先進医療の実績報告について」のデータに基づいて、具体的に紹介しましょう。この時点での先進医療技術は第二項90種類、第三項17種類で、現在は保険に収載されたものも含まれています。

２００８年７月１日からの１年間で行われた先進医療のうち、保険診療を除いた先進医療部分の費用は総額約65億３７００万円。そのうち、がん治療に関するものは約56億６７００万円で、全体の86・７％を占めています（図44）。また、一人あたりの費用が１００万円を超えるものは、「悪性腫瘍に対する陽子線治療（固形がんにかかるものに限る）」２７６万円、「重粒子線治療（固形がんにかかるものに限る）」３０２万円、「脊椎腫瘍に対する腫瘍脊椎全摘術（原発性脊椎腫瘍または転移性脊椎腫瘍にかかるものに限る）」２０２万円です。

この3種類の技術が飛びぬけて高額ですが、それ以外は必ずしも高額とは限りません。10万円未満が43種類ともっとも多く、10万円以上50万円未満が34種類。つまり、先進医療のほとんどは一人あたりの費用が50万円未満なのです(表25)。そして、高額な3種類の技術はがん治療であり、先進医療の約9割ががんに関連する技術であることを考え併せると、先進医療費を保険でカバーしたいと考えるなら、医療保険ではなくがん保険に先進医療特約を付けるのが合理的でしょう。

ただし、新しい医療技術は未知の領域だらけです。過去には活性化自己リンパ球移入療法のように、先進医療に収載された治療でも、効果が見込めないことからはずされたものもあります。新たな治療法は将来に向けてデータの蓄積が進むことにより、効果と身体への悪影響などがだんだん明らかになってくるものです。結果が不確実ななかで、いかに良質な情報を得て冷静に判断する力を培うかが重要になります。

6 医療保険との上手な付き合い方

医療保険には定期タイプと終身タイプがあります。定期タイプは10年とか60歳までなど、保険期間が決まっているもの、終身タイプは期間に定めがなく、一生保障が続くものです。同じ保障内容であれば、終身タイプより定期タイプのほうが保険料は安くなります。

高齢になるほど病気になるリスクは高まるので、民間医療保障は定期タイプより終身タイプのほうがよいという考えが主流のようです。

しかし、これまで見てきたように、民間医療保険は所定の要件を満たしたときに現金が受け取れるものであって、よい治療やよい介護が保証されているわけではありません。民間医療保険の入院の定義は「常時、医師の管理下で治療に専念する状態」ですから、医療の必要性の低い社会的入院や介護目的の入院は対象外です。しかも、時代が変わっても保障内容は変わらないので、医療システムの変化や医療技術の進歩によって治療方法が変わっても、それに対応はできません。

一民間会社と終身契約を結ぶことの意味を、冷静に考えてみてください。現在30代の方にとっての終身といえば、50年、60年にわたる契約になるかもしれません。認知症になって、保険の存在そのものを忘れてしまう場合もあるでしょう。

長生きした先の、老後といわれる年代にとって大切なのは、使い道が自由になるお金です。暮らしを維持するための家事サービスを利用したり、誰かの手助けを受けたときにお礼を少し渡したり、歩くのがシンドイときにタクシーを利用したり、暮らしを心地よく快適にするために、お金は役に立ってくれます。大それた富は残せなくても、心穏やかに暮らすためにお金が使えるようにしておきたいものです。

すでに私たちは、公的医療保険という終身の医療保障に加入しています。そのための保険料は、一生払い続けなくてはなりません。さらに、入院や手術のためにお金を割くことになれば、病気やケガにばかり集中投資をすることになります。

子どもが小さく、これから貯蓄をしていかなくてはならない世代は、医療保険に加入しておくというのもよいでしょう。その場合も、保険料が高い終身タイプではなく、保険期間10年の定期タイプや割安な共済にほんの少し入っておき、できるだけ早い時期に保険から卒業できるようにしましょう。

賢い患者になるための10カ条

そもそも私たちは、お金が欲しくて医療保険に入るのではありません。もし重い病気になったとき、納得いく治療が受けたい、お金がないためにみじめな思いをしたくない、という理由だと思います。

表26　賢い患者になるための10カ条

1	伝えたいことはメモして準備
2	対話の始まりはあいさつから
3	よりよい関係づくりはあなたにも責任が
4	自覚症状と病歴はあなたの伝える大切な情報
5	これからの見通しを聞きましょう
6	その後の変化も伝える努力を
7	大事なことはメモを取って確認
8	納得できないことは何度でも質問を
9	医療にも不確実なことや限界がある
10	治療方法を決めるのはあなたです

（出典）『新・医者にかかる10箇条──“あなたが命の主人公・からだの責任者”』ささえあい医療人権センターCOML（コムル）。

そうであれば、食べものに気を使う、適切な健康管理を心がける、信頼のおける主治医をもつなど、保険加入以外にやるべきことはたくさんあるはずです。また、医療を受けるときは、限られた時間で自分の状況を伝えたり、聞きたいことを的確に医療者から引き出すために、あらかじめ質問を準備しておくなどの工夫も必要でしょう。

ささえあい医療人権センターCOMLが出している小冊子『新・医者にかかる10箇条』がとても参考になります（表26）。実際にこれらを実行した結果、これまで顔を合わせず、カルテにばかり目を落としていた担当医が、キチンと向き合って真剣に答えてくれたという例もありました。

この冊子を手元においておくことも、大切な保険かもしれません。

第6章

お金に振り回される暮らしにサヨウナラ

1 「貯めて買う」を原則に、身の丈に合わない借金はしない

モノを保有するには、手に入れるための費用がかかります。いったん手に入れたモノは、多くの場合、買ったときの値段で売ることはできません。使えば使うほど、価値は劣化していきます。借金をして手に入れていたとすれば、預金金利よりはるかに高い金利を付けて返さなくてはなりません。借金の額は、モノの価値が下がるのと同じように減ってはくれないことがほとんどです。

たとえば、多くの人が車を借金（ローン）やリースで買います。たとえ利用しなくなったとしても、借金の残金は支払わなくてはなりません。リースの場合、違約金が発生する可能性もあります。住まいの購入はすべて現金というわけにはいきません。住宅ローンは長期にわたる借金です。過大にローンを組むと、たとえば災害で家を失ったときに住宅ローンが残り、マイナスからのスタートになりかねません。第3章で述べた注意点を確認し、借金に振り回されない人生を送るためのプランニングを慎重に行ってください。

収入減や生活スタイルの変化など、暮らしには不確定要素がたくさんあります。モノを

買うときは、「貯めて買う」ことを基本にしましょう。

貯めている期間が「欲しい！」と熱くなった気持ちを鎮める役目を果たし、欲しかったものがさほど魅力的に思えなくなったり、さらに改良されてよりよい商品が出てきたりということもあるかもしれません。また、お金が貯まっていよいよ購入というときに、これまで苦労して貯めてきたお金を、その商品のために本当に使ってよいものかと、チェック機能が働くことも期待できます。

値の張る買い物をしたいけれど、できれば貯蓄を減らしたくないという場合は、その商品専用の積み立てを始めてはどうでしょうか。たとえば、1年後に友人と旅行に行くとか、3年後に素敵なソファーを買いたいといったとき、「旅行積み立て」「ソファー積み立て」をするのです。

口座から決まった日に引き落とされる自動積立定期預金を利用したり、信用金庫などで扱っている定期積金を利用します。定期積金は1年（12回）、2年（24回）、3年（36回）と積立期間が決まっているので、目的の時期に合わせてスタートしましょう。確実に貯められるし、貯まっていく実感があるので、モチベーションも維持できます。他の貯蓄と区別できるメリットもあります。

2 金融商品も食材も自分の目で確かめられ、判断できるものを利用する

リスクが見えにくい複雑な加工食品

現代は分業社会という範疇をはるかに超え、細分化社会とでもいえる時代になりました。いつでもどこでも労せずして完成品が手に入るのは、たしかに便利です。でも、たとえば温めるだけで食べられる調理済み食品は、私たちの手元に届くまでに、いったい何工程を経ているのでしょうか。使われる素材も、数種類の野菜や肉、香辛料、食品添加物など、ありとあらゆるものが世界中から集められています。

私が子どものころ、味噌や肉、豆腐などは、必要な分だけ経木《きょうぎ》(杉や檜などの板を紙のように薄く削ったもの)や竹の皮などに包んでもらっていました。そして、縄で編んだ買い物籠をボロボロになるまで使っていたような気がします。醤油やソースは、一升瓶から小さな容器に移し替えて使っていました。おとなになったら軽々と一升瓶が扱えるようになるんだと、心躍らせたものです。

買ってくるのは野菜、魚、肉などの素材が中心で、加工食品も近くで作られたものがほ

とんど。現代の食卓のような華やかさはありませんが、食べものが口に入るまでの過程がシンプルで、人と人が顔の見える関係でつながっていました。だから、食の安全を脅かす事件が発生する余地は少なかったでしょう。さまざまな材料を混ぜ合わせて最終製品を作るほど本来の姿が見えなくなり、そこに潜むリスクも見えにくくなります。製造の場が消費者から遠くなるほど、商品に対する愛着や責任感も薄れていくかもしれません。

シンプルで理解できる金融商品にしよう

金融商品も、価格が適正かどうか、手数料が適正かどうか判断できるシンプルなものを利用したいものです。複雑な商品ほど、手元に届くまでに多くの人の手が介在し、それぞれに手数料が発生しますから、期待するだけの収益を得にくくなります。大切なお金を投じるのですから、素材がどんなものかわかり、どんなときに利益が出るのか、どんなときに損失が出るのか、利益はどこまで見込めるのか、損失はどこまで覚悟しなくてはならないのかといったことが理解できなくてはなりません。

たとえば、金融商品の素材の一つである株式。上場企業の情報は誰でも手に入りますから、素材をたくさん混ぜ合わせた投資信託のような商品よりも、割安か割高かの判断はつきやすいはずです。環境に配慮した製品を生み出す企業や、労働者や地域の住民を大切にする企業の株式を買えば、企業活動の応援に直接つながります。

預貯金に近い商品である債券も、素材の一つです。国や企業が発行し、決まった期間、決まった利息を支払います。債券の購入は、発行体である国や企業にお金を貸すことです。発行体の信用力が高いほど金利は低く、信用力が低いほど金利が高くなります。たとえば2011年の欧州危機では、経済規模が大きいイタリアの10年ものの債券利回りが、ギリシャ、アイルランド、ポルトガルを国際支援の要請に追い込んだ7%を上回り、世界中が固唾をのんで見守る状況でした。

債券への投資であれば、自分が預けようと思う期間、発行体である国や企業がきちんと利息を払い、期間が終了すればきちんと元本を返してくれるかどうかを検討すればよいのです。リスクに見合う金利であるかどうかを考え、割が合わないと思えば買いません。

ところが、自分では判断できないからと言って、勧められるままに投資信託を買う方が多いのは不思議です。投資信託の中身はおもに株式や債券ですが、投資信託という衣を被るとリスクが見えにくくなります。もちろん、見えにくいからと言って、リスクが消えるわけではありません。必需品でない投資信託をよく理解しないまま買うような怖いことは、やめましょう。結果として、勉強にはならず、値動きに翻弄され、後悔だけが残るなどということになっては、元も子もありません。

3 コストに見合った金融商品を選ぶ

期待に応えるものかを見定める

私たちはふだん買い物をするとき、商品が価格に見合うかどうかを検討します。たとえば洋服を買う場合、素材や色、デザインなどから見て値ごろ感があるか、自分に似合っているか、手持ちのワードローブとの組み合わせなど、さまざまな角度から財布を開こうか止めようかと思いをめぐらせるでしょう。

投資信託を選ぶときにも、期待に応えてくれる商品なのか見定める必要があります。まず、投資対象や運用方針、ベンチマーク（運用結果を評価するための指標）などから、選択肢となる投資信託をピックアップします。次に、掲げた方針に合致した運用が行われているかどうかを成績表である運用報告書で確認。そのうえで、組み入れ銘柄や資産配分などから、果たして期待しているようなリターンが得られるかどうかを判断するのです。

コストが見合うかどうかを判断する

家事サービスを外注する場合を考えてみてください。定期的な掃除などを外注する方が増えています。自分でやれば、コストを払わなくてすむにもかかわらず、なぜ外注するのでしょうか。それれば、掃除に充てる時間を仕事に振り向けるとか、仕事で疲れた体を掃除でさらに酷使するよりも、その時間を心身のリフレッシュに充てることに価値を見出しているからです。このときのコストは、有意義な時間を買うためには惜しくないという判断でしょう。

また、エアコンや換気扇の分解掃除、一流レストランの料理のケータリングなどは、自分でできないことをプロに任せるということです。そのコストは、プロの腕を買うためのものと言えます。

投資信託を買う場合も、信託報酬を何のために払うのか、目的意識をもつことが大切です。いくつか例をあげてみましょう。

①新興国へ投資をしたいけれど、個人ではむずかしいので投資信託を利用したい。

②投資対象や運用方針を確認したところ、同じような運用を自分でもできるけれど、運用に時間をとられるよりも仕事に集中したほうが、はるかにメリットが大きいだろう。

③選択肢となっている投資信託の過去の実績を確認すると、自分がやるよりも上手な運

用が期待できそうだ。

コストに納得するということは運用結果を評価できるということ

コストが納得できれば「購入」となりますが、投資信託は買ったら終わりではありません。購入後も継続的に発生する信託報酬に見合う働きをしてくれているかどうかを、運用報告書で自分なりの評価をしなくてはいけません。

掃除を頼んだけれど、期待したほどの効果が得られないとか、ケータリングした料理があまり美味しくなかったといった場合、次回は別の業者を探すか、そもそも利用するのをやめるかの判断をするでしょう。同様に、保有している投資信託の組み入れ銘柄が運用方針と乖離し始めていないか、大きな資金の流出がないか、資産配分は妥当かといったことをチェックし、引き続きコストをかけてよいかの判断が不可欠です。

コストが運用結果に見合うものかどうかわからない商品や、期待リターンが自分なりに想定できない商品に成果を期待するのは、神頼みに近い行為です。投資信託の購入に際しては、納得してコストを払える商品を選びましょう。

4 私たちのお金の使い方が社会を形づくる

「意志あるお金」が持続可能な社会を構築する

私たちが日々の暮らしのために買い物をするという行動は、その商品にかかわる製造業者や流通業者にお金を流すことです。ある製品を気に入ってリピート購入すれば、それらを製造・販売する人たちの暮らしを支えることにつながります。

銀行への預金は、銀行をとおして企業や有価証券に投資をすることです。でも、銀行がどこに投資するかは私たちに決められません。一方、私たち自身の株式や債券への投資は、自分の意志で、どんな企業や国に自分のお金をまわすかを決定する行為です。

自分のお金の行く先が、現在の、そして将来の社会に対してどのような影響を及ぼすかを意識することが、持続可能な社会の形成には欠かせません。欧米では古くから、社会的責任投資(Social Responsible Investment)という考え方がありました。最近では、Social に代わって Sustainability(持続可能性)に力点が置かれるようになっています。

たとえば、日本株で運用する投資信託を買っているとしましょう。投資先企業が合理化によって国内での雇用をしぼり、海外展開して株価が高くなったとしても、一方で失業者や低賃金の労働者が増えて消費が低迷し、社会が衰退していったのでは、個人の貯蓄が多少増えるくらいで対応できるものではありません。私たちのお金をよりよい社会をつくりだすものにまわしていくことが、本当の意味での投資になるのです。

「インフレに備えてコモディティ（本来は必需品・日用品の意味だが、投資の場合は商品先物取引所で取引される原油や食料などの商品）を組み入れた投資信託を買いましょう」と勧誘されて、多くのお金が流れ込めば、食料の高騰を招く結果になります。また、「日本は成長が見込めないから新興国投資」と言いますが、その結果、私たちのお金が海外のために使われることになるのです。それによって私たちが得られるのは、投資した商品が多少値上がりする程度にすぎません。

好きな国を応援したいから投資をするという場合でも、その国のどのような企業を投資対象にしているのか、その国の人びとにとってよいことをしている企業なのか、確認してみましょう。ＢＲＩＣｓ（ブラジル・ロシア・インド・中国）関連の投資信託が大流行だった当時、「ロシアのＫＧＢがかかわった政権にお金が流れるのはイヤだから、絶対に買わない」と言った友人がいました。ちょうど、プーチン政権の人権侵害に対する懸念が取りざたされていた時期です。

環境に配慮した買い物や投資

投資だけではなく、日々の買い物での行動も大切です。「環境を大切にする消費者」といった意味のグリーンコンシューマーという言葉があります。商品を購入するときに、価格や性能などだけではなく、「環境に配慮しているかどうか」の点を加えようという考え方です。これは、日々の買い物を通じて、環境に配慮した商品を生産する企業や、そうした商品の販売業者の支援につながります。

同様に、グリーンインベスター（環境対策に積極的に取り組んでいる企業に対して優先的に投資する人びと）として振る舞おうとする動きがあります。環境に配慮している企業を投資対象とするエコファンドは、消費者から一定の支持を得ており、草の根的な活動も広がってきました。

たとえば、元本保証はありませんし、収益も期待できませんが、ＮＰＯバンクへの出資です。ＮＰＯバンクの一つである未来バンクは、環境への負荷が小さい電化製品や暖房器具を購入するための小口資金の貸し付けや、環境や福祉に関する市民事業への投資を行っています。出資するだけではなく、自らＮＰＯバンクを設立する人も各地に増えてきました。太陽光や風力、森林資源など地域のエネルギーを活用した自然エネルギー事業を実現する市民ファンドにも、たくさんの「意志のあるお金」が集まっています。日本では、機関投資家より市民の意識が数歩も先を行っているのかもしれません。

社会的責任を意識した年金の運用

今後、私たちの年金を運用している年金基金が社会的責任を意識した運用を始めると、社会が大きく変わる可能性を秘めています。54の産業別労働組合が加盟する中央労働団体である連合は2010年12月に「ワーカーズキャピタル責任投資ガイドライン」を公表しました。ワーカーズキャピタルは、労働者が拠出した、あるいは労働者のために拠出された基金を指します。年金基金などに対して、環境や人権などを配慮しない企業への投資を排除し、社会に対して責任を果たす企業に投資を行うように働きかけていく方針を、打ち出したのです。

たとえば企業の合併や買収において、労働者との対話もなく労働者の権利を侵害したり、労働条件の一方的な切り下げが条件になっている場合があるでしょう。そうした合併や買収の資金にワーカーズキャピタルが流れ込んでいたとすれば、労働者のために拠出したお金が労働者を苦しめることに加担することになります。合併や買収自体は止められなくても、自ら進んでそこに資金を出すことを避けようというのが、このガイドラインです。これからの展開に注目したいと思います。

た。トレーダーといえば、どれだけ収益を上げたかがすべての世界です。社会責任投資との出会いは、帰国後、会社で受けたコンプライアンス（法令の遵守）の講習がきっかけ。勉強を続けていくうちに「社会をよくしていくのはこれだ！」と確信をもち、すぐにプロジェクトを立ち上げました。

ところが、組織のしがらみや会社同士の付き合いにしばられ、中立性を確保した調査や評価はむずかしいと痛感。事業を続けるには独立して中立的な組織をつくる以外にないと思い、インテグレックスを設立しました。社会責任投資という言葉を知ってから、わずか半年足らずだったそうです。

投資哲学の確立を

一気に社会責任投資にのめり込んだ秋山さんには、トレーダーを10年間やっていたときに感じた違和感が根底にあるようです。たとえずるいことをしても、人間的にイヤな人でも、収益さえ上げれば評価は高まります。そんな世界に限界を感じていたからこそ、社会責任投資に突き進んだのでしょう。

一方で、結果至上主義のウォールストリートでも、ルール違反や嘘をつく人は最終的には職場から消え、真面目な人だけが残ったそうです。それは企業においてもあてはまるはずだという確信を秋山さんはもっています。

社会的責任はかなり広まってきましたが、日本では投資自体がまだ一般的ではないため、社会責任投資のほうはまだまだこれからといった状況です。将来の世代のためによりよい社会をつくるという視点で考えたとき、正しい企業に投資する投資哲学の確立が重要になってくるはずです。

「儲けるが勝ち」のトレーダーの世界から 社会責任投資の会社設立へ

社会責任投資と社会的責任

インテグレックスは、誠実な企業に投資する社会責任投資を広めることを目的に、2001年に設立されました。現在は社会責任投資(SRI)部門と社会的責任(CSR)部門の二つの業務を行っています。

社会責任投資部門の業務は、企業の調査と評価、およびその評価に基づいた投資助言です。調査は2001年度から毎年、全上場企業を対象に行ってきました。

従来の投資では、財務的観点から分析して投資対象かどうかを判断します。それに、倫理的側面、ガバナンス、環境などの社会的な側面を評価に組み入れたのが、社会責任投資です。

社会的責任部門の業務は、企業の社会的責任を確立するための取り組みの支援です。そのために、①ホットライン(内部通報)の社外窓口、②グループ・海外を含む従業員や取引先などを対象として社会的責任の実態調査を行うモニタリング、③セミナーなどをとおして社会的責任の啓蒙を進めるトレーニングを行っています。

収益がすべての世界の限界

代表取締役の秋山をねさんは、外資系証券会社の勤務、出産と離婚を経て、大学院を卒業し、証券会社に入社。やがて、米国の関連子会社でヘッジファンドを担当する要員を探していると聞き、即座に手をあげました。小さな子どもを育てるには日本より米国のほうが楽かもしれないと思ったそうです。

そこでは10年間、米国債のトレーダー(顧客のために証券を売買する社員)として活躍しまし害物質を排除した住宅を、一般のプレハブ住宅並みの価格で提供することをめざしています。

代表理事の一人で一級建築士の相根《さがね》昭典氏は、健康とエコロジーにこだわった住宅設計を長年手がけてきました。相根氏が天然住宅に託した次の３点は、どれも待ったなしの課題です。

①海外の森林破壊を止め、日本の林業を復活する。

②大工など職人の伝統技能を継承する。

③化学物質による健康の被害や環境汚染を食い止める。

日本は国内の森林を荒廃させる一方で、大量に木材を輸入し、海外の熱帯雨林を破壊してきました。国産の木材を使い、林産地にお金が流れるようになれば、海外で環境破壊をしなくてもすむし、間伐など森林の手入れが可能になります。

従来の住宅産業では、林業者が伐採後、原木市場、製材所、木材市場、材木卸問屋、プレカット工場、工務店という複雑なルートをたどっていました。相根さんはそのすべてを林産地で行い、現場では工務店が組み立てるだけという徹底した合理化を行っています。それを可能にしたのが、断熱性と調湿性に優れ、米倉や神社仏閣などに使われてきた板倉《あぜくら》工法の耐震性を高めた、新板倉工法です。

天然住宅の仕組みは、売り手よし・買い手よし・世間(環境)よしの「三方よし」が特徴。住む人は、丈夫で長持ちし、高断熱のために冷暖房費が節約でき、健康にもよい住宅が手に入ります。林産地では、伐採から加工まで一貫して手掛けて利益をアップできます。工務店も、工期が短縮できるなどの合理化で粗利をアップできます。

住宅は高額な買い物ですが、レイアウトを変更しながら長く住み続けられれば、子どもは人生最大の買い物をしなくてもすみます。売却する際も資産価値があるので、中古でも値崩れしにくいのではないでしょうか。

天然住宅で三方よし

住宅そのもののリスク

住まいを名実ともにマイホームにするためには、何十年というローンの支払いをしなくてはなりません。住まいを売ってもローンが残る場合は、不足分を現金で穴埋めしなくては、売却もできません。

長期の債務をかかえれば、人生において大きなリスクが生じます。しかも、リスクに見合うだけの「資産」とならないことが、大きな問題です。

現代の大半の住宅は、薄くスライスした木を貼り合わせた合板が建材にも家具にも多用されています。その接着剤に含まれる有害物質が少しずつ揮発し続け、住む人の健康を蝕んでいくのです。入居してすぐにシックハウス症候群になる人もいますし、長年にわたって蓄積された後、突然化学物質過敏症を発症するケースもあります。つまり、住宅ローンだけでなく、住宅そのものにもリスクがあるわけです。

最近では、シックハウス対策を施した住宅や、「健康住宅」「エコ住宅」と銘打ったものが出回るようになりました。しかし、そのような住宅を建てたにもかかわらず、まったく症状がよくならないことも珍しくありません。なぜなら、現在の建築基準法で定める基準は甘く、有害物質を使っていても基準さえ満たせば、「シックハウス対策済み」となるからです。

国産材で安全な住宅を安く提供

こうした状況に危機感をもち、「良質の住宅を求める人」と「家を建てる工務店」「木を育て伐り出す林産地」をコーディネートするのが、一般社団法人天然住宅です。すべて国産の無垢材を使い、できるだけ有

5 自立とは孤立ではなく、頼れる人をたくさんもつこと

迷惑をかけるのは当たり前

「人に迷惑をかけちゃいけません」

親や先生からよく聞かされる言葉です。でも、この言葉を生真面目にとらえすぎると、自己責任の波に飲み込まれたり、逃げ場がなくなって自分を責めるか、引きこもらざるをえなくなるような気がします。

生きていれば、誰かに迷惑をかけるのは当たり前。おとなになるということは、上手な迷惑のかけ方・かけられ方を身につけていくことではないでしょうか。ところが、いまや向こう三軒両隣で味噌や醤油を貸し借りし合う関係は、ほとんど見られません。気づかないうちに、暮らしにかかるコストは膨れていきます。

かつては歩いて行ける範囲に小学校や中学校があり、お寺があり、診療所や中小規模の病院があり、暮らしに必要なものがそろう商店街がありました。その多くは、顔の見える関係でつながっていました。

私の両親は共働きで、父は理容師、母は美容師。子どものころのわが家は、1階が床屋とパーマ屋の2つの店舗が奥でつながっていて、2階が住まいです。近所の商店のおかみさんが髪をセットに来たり、幼稚園や学校の先生もときどき来ていました。周辺は小さな子どもが多く、少しだけ大きい子が小さな子の面倒を見たり、商売が忙しくて手がまわらない親に代わって、赤ちゃんのオムツを替えたり。まさに『三丁目の夕日』の世界です。

自己責任の呪縛から自由になろう

もちろん、わずらわしい人間関係がイヤで、都会暮らしが性に合うという人もいるでしょう。いまさら、『三丁目の夕日』の時代に戻れるわけでもありません。必ずしも、当時がすべてバラ色だったわけでもないでしょう。でも、ほんの少しずつでもよいので、困ったときには「ちょっと助けて」とか「少し手伝って」と言える、もちつもたれつの関係を築ける人をできるだけ多くもつことを心がけていただきたいと思います。近所に挨拶できる人を見つけるところから始めてみてください。

私たちは、自己責任という呪縛からもっと自由になってもいいのではないでしょうか。周囲の人への上手な甘え方、迷惑のかけ方を身につけ、「お互い様」と言える人間関係と地域社会があれば、多少のうっとうしさはありながらも、ギスギスせずに心穏やかに暮らせます。「自立」といえば、他人に頼らないことと考えがちです。でも、中村尚司さんという学者さんは、「人間や施設や制度など、どれだけ依存できるものをもっているかで本当の自立水準は高まる」とおっしゃっています。

地域に仕事をつくりだす

自分の生まれ育った地域が大好きなのに、働き口がないために都市部に出ていかざるをえない人も少なくありません。そうした人たちが地域で暮らし続けられるためにも、地域でお金を循環させる仕組みをつくりだすことが重要です。

地方に行くと、「お金の価値が違う」と感じるときが多くあります。コンビニでは日本全国同じ商品が同じ値段で売られていますが、その土地の人たちが買い物をしている店に行くと、野菜や魚が信じられないくらい安い値段で売られていることに驚かされた経験をもつ人は多いのではないでしょうか。家賃はじめ住まいに関する費用も、都会と地方では大きな開きがあります。

おそらく、日本全国で1万円の価値は同じではないはずです。それぞれの暮らしに根差した尺度があってよいのではないでしょうか。そのためにも、地元の人びとによる地元の人びとのための商売や事業をたくさんつくりだす必要があると考えます。

6 雇われない自営という生き方

支え合いのセーフティネット

総務省統計局の「労働力調査」によると、１９５３年の就業者に占める雇用者の割合は42・4％で、それ以外は自営業主と家族従業者でした。以後、年々雇用者の割合は高まり、２００９年には86・9％となっています（図45）。かつては、小なりと言えども一国一城の主として、自営をしている世帯が近所にたくさんありました。国の社会保障は手薄でも、地域の力や親せき、友人・知人の支え合いがセーフティネットとして機能していた時代だったのではないでしょうか。

図 45　就業者構成の推移

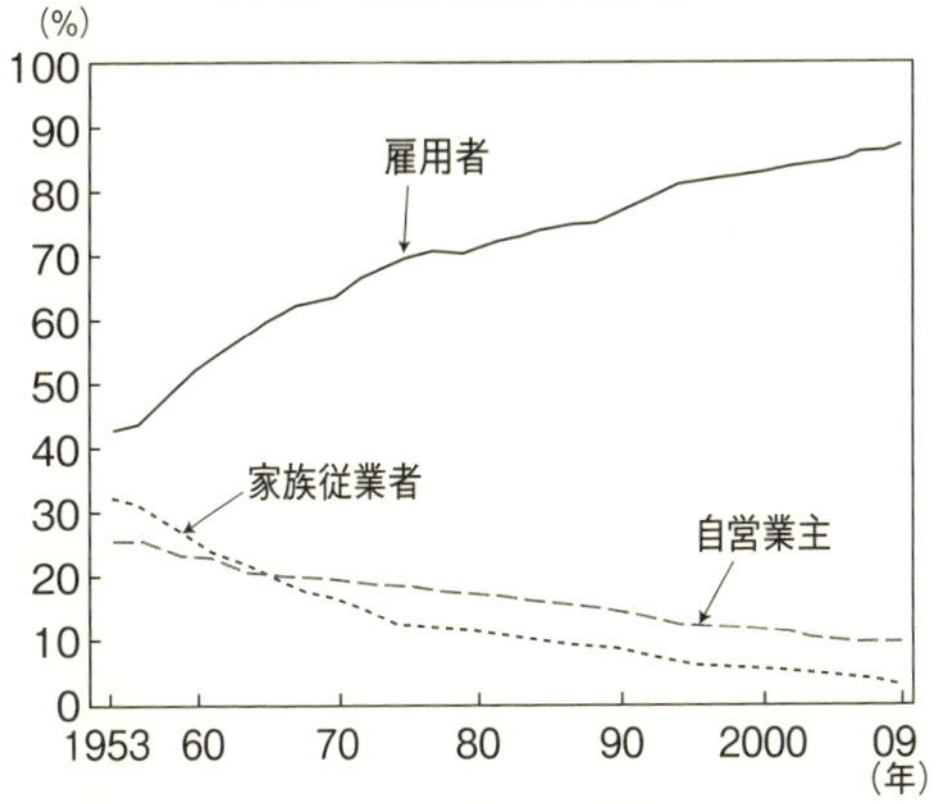

（出典）厚生労働省「平成 22 年版労働経済の分析――産業社会の変化と雇用・賃金の動向」2010 年。

親に先立たれた子どもが親せきの家に世話になるとか、商売をしている家に見習いとして住み込むとか、勉強嫌いの子どもや進学できない子どもが手に職をつけるために「他人の釜の飯を食う」という選択もありました。イヤなことや悔しいことはたくさんあったかもしれませんが、良くも悪くも、そこには「世間」という人と人のつながりがあったと思います。

私の父は25歳で理容店をかまえ、私が物心ついたころは若いお弟子さんたちが五〜六人、寝食を共にしていました。おそらく中学を卒業してすぐに親元を離れ、手に職をつけるために知り合いの伝手《つて》で弟子入りしたのでしょう。父は彼らの寂しさをまぎらわすために、あるいは外で遊びの味を覚えて仕事に身が入らなくなることを心配して、パチンコ台を数台借りてきて遊ばせたり（ただし、お金がかけられないと面白くないようで、すぐに見向きもされなくなりましたが）、エレキギターが流行れば閉店後の店で練習させたり、いろいろと心を砕いていたようです。

中には挫折者もいましたが、彼らは一人二人と独立していきました。独立後も我が家によく出入りし、同業者たちと一緒に飲み食いしていたのをいまも覚えています。母は美容師の仕事をしながら、お弟子さんたちの食事の世話や、月に数回のドンチャン騒ぎの酒肴の準備を切り盛りする日々でした。その母の葬儀のときには、すっかりおじちゃんになったかつての若いお兄さんたちが数多く参列。みんな男泣きに泣き、一晩中お線香を焚き続けてくれた人もいました。

おとなとしての振る舞い

たぶん18歳くらいだったと思うのですが、ユキちゃんという子守さんが一緒に生活していました。私の幼稚園の運動会のとき、カメラを首からぶら下げ、本当にうれしそうに走り回っている姿がアルバムに残っています。彼女にとってみれば、他人の家での奉公生活で、ささやかな息抜きだったのかもしれません。彼女のお嫁入りが決まったとき、祖母は「奉公人がお嫁に行くときは、花嫁道具一式を主人が整えてあげるのが決まり事」と父に諭したそうです。

お嫁入りの日が近づいてきたある日、いつも元気な（ちょっとガサツな）ユキちゃんが花嫁道具に囲まれて神妙に正座して、「このお嫁入り道具は全部、眞弓ちゃんのお父ちゃんが用意してくれたんよ」と、幼稚園児だった私にまるでおとな同士のように話してくれました。子ども心に少しだけ誇らしい反面、父はずいぶん無理をしたんだろうなと、同情的な気持ちにもなっていました。

私の父は基本的に自分勝手な人で、同時に野心家でもありました。父は自分の将来を考えた場合、ここでおとなとしての振る舞いをしておかないと、近所の人たちや同業者たちからの信認は得られないと、ヒューマニズムからではなく、不承不承財布を開いたのだろうと、私は考えています。想像の域を出ませんけれど……。

当時、父は30歳を過ぎたばかり。現在の私からすれば息子のような年齢です。何だかいじらしいなと思えてきます。

いろいろな働き方・暮らし方があっていい

自営業から雇われ人中心の社会に移り変わり、職場と住まいは分離。妻の労働力としての役割は低下し、専業主婦が増えていきました。そうなると、収入源が集中するリスクを回避するために、生命保険というコストをかけざるをえなくなります。また、大半の人びとが雇われて生きているため、他人を支える余力はなくなり、ひとかどの人物になるための気概や見栄は、さほどの価値をもたなくなりました。

こうなると、不幸なアクシデントは個々の家庭で解決しなくてはなりません。また、自営という生き方がリスクの割に見合わなくなり、子どもは雇われ人になるための教育を受け、親の肩には教育費負担がのしかかります。これらも、親に万一のことがあったときの生命保険コストを引き上げる要因です。

しかし、そろそろ発想の転換が必要かもしれません。雇われ人としてではなく、自営業者としてほどほどの暮らし方をするといったオルタナティブな生き方が、最近は見直されています。地域で必要とされていることを見つけて仕事にし、その仕事の内容や初期投資の規模などに応じて、個人事業主、株式会社、ＮＰＯ法人などの形態を適宜選んではどうでしょうか。場合によっては、地域の人から出資を募ってもいいでしょう。雇用を創り、暮らしの場で経済が循環していく仕組みができるかもしれません。

これからも、グローバルな市場は重要な役割を担っていくでしょう。国際競争に勝つということを、すべて否定するつもりはありません。しかし、競争したくない人や別な生き方をしたい人も、当たり前に暮らしていける場づくりは、それと同等か、それ以上に大切だと思います。一面的ではない、さまざまな暮らしの場が重層的に交差し、セーフティネットとしての役割を果たす。そんな社会が「豊かさ」という言葉にふさわしいのではないでしょうか。

7 第一次産業を支えるのも大切な投資

愛媛県の久万《くま》高原にある由良野《ゆらの》の森は、川の源流です。源流の水は、由良野川、二名《にみょう》川、久万《くま》川、面河《おもご》川、仁淀《によど》川を経て太平洋に注いでいきます。水源林を守り、人と自然の共生の場をつくることをめざして、開業医の清水秀明さんが私財を投じて買い取ったのが、由良野の森の物語の始まりです。そして、さまざまな出会いのなかで、鷲野陽子さん・宏さん夫婦が管理人になりました。

鷲野さんたちが住む管理棟と、由良野の森を体験しに訪れる人たちのためのゲストハウスが並んで建っています。建物の建設中に、隣接する土地の取得話が持ち上がりました。有志で集まって協議した結果、開発業者が入ることにより水源地が汚染される危険もあったため、当時の由良野の森の2倍の広さの土地の購入を決定。5年間無利子無担保の「ゆらの債」を発行し、有志に購入してもらうことで、費用をまかないました。

いま各地で、林業経営は成り立たず、保有する森の手入れができません。相続などをきっかけに、外国資本に水源林を安く売却する事例が生じています。でも、命をつなぐ水や空気を生み出す森を野放図にしておいてよいわけがありません。
「日本は資源のない国」と言われますが、森やそれに連なる農林資源と水産資源は豊富な国です（「でした」と言うべきかもしれません）。ところが、せっかくの貴重で重要な資源を価値のないものとして粗末に扱い続けて、現在に至っています。法整備が必要なのは言うまでもありませんが、待ったなしの現状で、ただ待つのではなく、由良野の森の取り組みのように、草の根で支えるという方法もあります。

人間は生き物ですから、水や空気、食べものがなければ生きていけません。農業、林業、漁業といった第一次産業に従事する人たちが、安心して仕事を続けられるように、都市の消費者が継続的に購入することで支えていく必要があります。

近未来の日本で、農業の国際競争力をつけるために設備投資を行って大規模化すると、投資を回収しなくてはなりませんから、輸出で稼げる農業が優先されるようになるでしょう。質のよい農産物はほとんど輸出にまわり、国内では質の落ちるものしか手に入らなくなるかもしれません。

農の問題は私たちの命の問題でもあります。都市部に住む人びとも少しずつでも農にかかわり、「食」「環境」「暮らし」などの問題をともに考え、未来に向けてお互いに知恵を出し合っていきたいと思います。

8 先進国住民として責任あるお金の使い方

フェアトレードで途上国の女性の自立を支援

土屋春代さんはネパリ・バザーロというフェアトレード団体の代表です。設立以来20年近く、紅茶・カレー・洋服など、ネパールを中心にアジアで生産された製品を継続的に輸入・販売し、現地の女性たちが自立できるための取り組みを続けてきました。施しではなく、目の肥えた日本人が喜んで買う製品を作るために技術指導し、確実にマーケットにつなげています。

フェアトレードとは「公正な貿易」を意味する英語。途上国で生産される農産物や手工芸品などを適正な価格で長期的・継続的に輸入・販売し、生産者の暮らしを支える活動です。

現金収入が乏しい途上国の村では、他の地域から原料を仕入れることはむずかしいので、地元で調達できる原料を使った製品でなくてはなりません。土屋さんは、何もないように思えるところでも、製品に結びつくものを見つける天才です。先入観や思い込みをもっていると、目の前にあるにもかかわらず見えないものなのだと痛感します。

また、働く女性たちが給料をもらっても、夫をはじめ家族が使ってしまっては、子どもの教育費や女性たち自身の将来に備えることはできません。そこで、女性たちと現地のNGO組織や工房、ネパリ・バザーロの三者で、毎月積み立てを行っています。たとえば、ワーカー100円、NGOや工房100円、ネパリ・バザーロ200円という具合です。年に1回ネパリ・バザーロから数千円のボーナスもあります。

さらに、ネパールの子どもたちに奨学金も送っています。どこかにまとめて寄付するというやり方ではなく、一人ひとりの生活状況や能力を見て送っているのです。村のリーダー的存在になる人物を育てたいという思いもあるようです。これらのお金は、会員の会費でまかなわれています。

ネパリ・バザーロのネットワークは、海外だけではありません。人気商品のひとつであるスパイスを使ったクッキーは、横浜市内の福祉作業所で働く精神障がい者や知的障がい者が焼いています。ネパリ・バザーロの商品を扱っている全国のフェアトレード・ショップの方とも、ていねいなお付き合いを続けてきました。

東日本大震災でも顔の見える継続的支援

2011年3月11日の東日本大震災直後、ネパリ・バザーロのスタッフが釜石市(岩手県)出身だったこともあり、支援活動を開始しました。その後、石巻市(宮城県)のフェアトレード・ショップとのつながりで石巻支援が始まり、東松島市(宮城県)や陸前高田市(岩手県)も含めて、顔の見える関係性のなかで、かゆいところに手が届くような活動をしています。

布団とカバー類のセット、衛生セット、食品セットなど状況に応じた生活基本セットの支援、高齢者介護施設や障がい者施設へはパソコン、システムキッチン、調理器具など、仮設住宅に入った高齢者の健康維持のためには野菜を育てるプランター、スコップ、軍手……。身の丈に合った、それでいてすぐに役に立つ支援を工夫しながら続けてきました。

陸前高田市の障がい者施設と共同で、気仙《けせん》椿油の製品化プロジェクトも進めています。昔から受け継がれてきた郷土の誇りである椿油は食用油としても最高品質と言われ、気仙沼地方(宮城県)では昔から家庭に浸透していました。ところが、津波で製油所(石川製油)が流され、消防団員だった跡取り息子さんが救助活動中に死亡。落胆した社長さんはその後まもなく廃業してしまったのです。

そこで、ネパリ・バザーロと障がい者施設の協働で、椿油の復活と「気仙椿油」の名称継続をめざしています。レシピ開発も着々と進んでいるようで、ネパールでの製品開発の知恵が椿油プロジェクトでも活きることでしょう。

100年先を見据えて

ネパリ・バザーロでは次世代を担うリーダーを育てるため、優秀な人材を日本に呼び、一定期間研修を行っています。このとき、スタッフは彼女たちとネパール語で会話します。ネパールから日本に研修に来るとなれば気後れしがちですが、研修期間中の彼女たちは製品作りにおいてもネパール語においても、スタッフたちの先生です。あくまでも対等なパートナーとして遇するというネパリ・バザーロの流儀です。

こうした長年の活動にもかかわらず、リーダーシップのとれる人を育てるのは簡単ではありません。でも、土屋さんは柔らかい微笑みを浮かべながらおっしゃいます。

「ネパールは100年間、女性を劣った存在として、教育を受けさせないできました。その結果なのであって、彼女たちの責任ではありません。私は100年先に希望を託しています」

「生産者は北極星」と土屋さん。迷ったときは、生産者にとってもっともよい方法を選択してきました。そのゆるぎない信念と行動力に接するにつけ、本当の優しさ、強さとはこういうものかと圧倒されます。

先進国に住む私たちの責任

日本には世界中からさまざまな商品が流入しています。名だたるブランド品や高級食材。地球の裏側から長旅をしてきたにもかかわらず、信じられないほど安い商品。私たちは地球規模でみたときの日本の豊かさを、もっと自覚したほうがいいと思います。日々の買い物で使う1000円、1万円の重み。その一部が、同時代に同じ地球に暮らす仲間たちの命や暮らしの支援につながるような使い方を意識してはどうでしょう。

毎日飲むコーヒーや紅茶、そしてチョコレートやクッキーなどをフェアトレード商品に替えることは、すぐにでもできる社会貢献です。私はプライベートで着る洋服やバッグや小物入れなども、できるだけフェアトレード商品を使うようにしています。コリアンダー、クミン、ガラムマサラ、ターメリック、チリなどのスパイスの袋詰めで作るネパールカレーは、わが家の定番メニューとして欠かせない存在です。

あるシンポジウムで、土屋さんは会場の人びとに向かってこう語りかけました。

「ネパールはいま危機的な状況にあり、電気も水も一日のうちわずかな時間しか届きません。そのようななかで、わずかな時間しか利用できない電気を使って、日本の方たちが買いたいと思うレベルを維持する製品を必死で作っています。日本の消費者は世界一厳しく、ほんの少しの色ムラなども嫌いますが、求める水準を満たすためには環境に大きな負荷がかかることを知ってください」

私たちは先進国日本で、電気や水を好きなときに好きなだけ使える生活を当たり前と思って暮らしています。でも、地球規模で考えれば、私たちの暮らしぶりは決して当たり前ではないことを知るべきでしょう。

同時代に同じ地球で生きている者として、いつ通じるかわからない電気を待ちわび、ようやく通じたわずかな時間を、自分たちの生活よりも生産を優先して、約束の製品を仕上げる女性たち。ネパールから届けられる素敵な洋服に身を包み、美味しい紅茶を飲みながら、海の向こうの女性たちに想いを馳せてみてください。

あとがき

私のファイナンシャルプランナーとしての歩みは、手取り給与の減少、「貯蓄から投資へ」の道筋の拡大、社会保障不安の増大など、重苦しく憂鬱な空気とともにあったという気がします。でも、社会がどうであろうと、私たちの暮らしが続いていくことに変わりはありません。

本書には、ファイナンシャルプランナーとして17年目に入ったいま、これまでの経験をふまえて、「とりあえず、こんなふうに家計運営をしていけば、悪いようにはならないんじゃないか」と思い至ったことを盛り込みました。もちろん、すべて本書のとおりにやらなくてはならないというわけではありません。一人ひとりの暮らしの場で自分流にアレンジして使いこなしていただきたいと思います。

お金は単なる道具。お金のことばかり考える人生は寂しいものです。ところが、お金ときちんと向き合わず、逃げてばかりいると、いつもお金に追い回される結果になってしまいます。逆説的ですが、お金のことをあまり気にしなくてすむためにも、しっかりと家計の土台を固めていくことが必要なのです。

そして、家計の外にも目を向けてみませんか。たとえば、好きな人と、好きなところで、高齢になっても安心して住み続けられるように、地域にお金が循環するような使い方や、ささやかながらも地域で仕事をつくるといったことも、意識してみてはどうでしょうか。

私は「顧客の利益最優先」を大前提とするファイナンシャルプランナーという仕事と出会ったとき、目からウロコがぽろりと落ちたような気がしました。そして、その日のうちに会社を辞めて独立しようと決めました。医者の不養生ならぬ「ファイナンシャルプランナーの不プラン」と笑われるかもしれませんけれど……。

「うちは明日から貧乏になるので、覚悟するように」と宣言した日、「お母さんがやりたいことができるならいいよ」と快く賛成してくれた4人の子どもたちも、すっかりおとなになりました。自分勝手な母親によく付き合ってくれたものだと、感謝の気持ちでいっぱいです。彼らと彼らの子どもたちの未来が少しでも暮らしやすい社会になることを、願ってやみません。

最後に、良質な本を世に送り出し続けているコモンズから自著を出版できることは、私にとって望外の喜びです。「わかりやすく質の高いメッセージを伝える」というコモンズのコンセプトにどこまで適うものとなったかどうか心配ですが、このような機会を与えてくださった大江正章さんに心より感謝申し上げます。

なお、本書の印税は、活動に深く共感している「反貧困ネットワーク」に寄付をさせていただきます。

２０１２年６月

内藤　眞弓

〈著者紹介〉

内藤眞弓(ないとう・まゆみ)

ファイナンシャルプランナー(FP)

1956年　香川県高松市生まれ。

1979年　日本女子大学英文学科卒業。

大手生命保険会社に13年間勤務後、ファイナンシャルプランナー(FP)として独立。

現　在　特定の金融機関に属さない独立系FP集団『生活設計塾クルー』(03-5342-6250、http://www.fp-clue.com/)のメンバーとして、一人ひとりの事情や考え方に即した生活設計、保険の見直し、資産運用などの相談業務を行う。ビジネスブレークスルー大学オープンカレッジ『資産形成力養成講座』(http://www.ohmae.ac.jp/ex/asset/about/)では、「人生設計」と「保険」を担当。また、「日本の医療を守る市民の会」(http://iryo-mamorukai.com/)を共同主宰し、毎月勉強会を開催している。

主　著　『医療保険は入ってはいけない![新版]』(ダイヤモンド社、2010年)。

共　著　『お金はこうして殖やしなさい[改訂3版]』(ダイヤモンド社、2010年)、『生命保険はこうして選びなさい[新版]』(ダイヤモンド社、2008年)、『新年金まるわかり』(小学館文庫、2004年)など。

お金のプロがすすめるお金上手な生き方

二〇一二年七月五日　初版発行

著　者　内藤眞弓

発行者　大江正章

発行所　コモンズ

東京都新宿区下落合一―五―一〇―一〇〇二

TEL〇三(五三八六)六九七二

FAX〇三(五三八六)六九四五

振替　〇〇一一〇―五―四〇〇一二〇

info@commonsonline.co.jp

http://www.commonsonline.co.jp/

印刷・東京創文社／製本・東京美術紙工

乱丁・落丁はお取り替えいたします。

ISBN 978-4-86187-095-8 C0030